智能障礙學生
性教育教材與教學媒體

張小芬　**策畫主編**

張小芬、林麗卿、張宇良、葉瑞華、陳虹利、

陳彥伶、蔡雅芝、劉于潔、李馥君、許超男、

林永堂、謝德全、蕭曼萍、陳金茂　**著**

目錄 ‧‧‧‧‧‧‧
CONTENTS

作者簡介（排序係依章節排列）

姓　名	學　歷	現　職
張小芬	國立台灣師範大學特教博士	國立台灣海洋大學教育研究所暨師資培育中心副教授
林麗卿	日本國立宇都公大學特殊教育學系學士	台北市立啟智學校教師
張宇良	國立台北教育大學 台北市立體育學院特教學分班	台北市立文山特殊教育學校訓育組長
葉瑞華	國立彰化師範大學特教系 美國北科羅拉多大學碩士	國立桃園啟智學校教務主任
陳虹利	國立彰化師範大學特教系特研所40學分班	國立桃園啟智學校教學組長
陳彥伶	中山醫學大學醫學社會暨社會工作學系	國立馬祖高中教師
蔡雅芝	長庚大學護理系	高雄市立楠梓特殊學校代理教師
劉于潔	長庚大學護理系	國立花蓮啟智學校體衛組長
李馥君	台北體育學院技擊運動學系	國立大湖農工教師
許超男	台北體育學院體育與健康學系	國立桃園啟智學校代理教師
林永堂	國立海洋大學食品科學碩士	國立屏東特殊教育學校校長
謝德全	菲律賓德拉沙大學特殊教育碩士	國立屏東特殊教育學校教導主任
蕭曼萍	菲律賓德拉沙大學特殊教育碩士	國立基隆特殊教育學校教師
陳金茂	國立台灣師範大學工業教育研究所碩士 中山醫學大學特教學分班	國立基隆高級商工職業學校特教組組長

推薦序　晏序

　　對父母、專業人員（學者、專家、教師）和智能障礙者而言，「智能障礙者的性教育」都是一個雙重敏感的問題。因為智能障礙者本身長期以來就不被社會、學校、家庭以公平的方式對待和尊重。這些年來藉著一些特殊教育專家及學者的呼籲與努力，逐漸使國內社會大眾、學校教育人員及智能障礙者的父母，能正視其需要而給予協助，各級學校逐漸重視智能障礙者的特殊教育，甚至民間團體也開始出錢出力，為特殊教育付出一份心力。

　　不論對智能障礙者或一般人來說，性教育的意義都是「愛的教育」，是「品格教育」，同時也是一種「家庭生活教育」，目的在教導我們了解「性」是每個人的人生基本需要之一。因此，性教育能幫助智能障礙者發現性的滿足和促使對自我負責、成熟，同時對其他的復健目標更有正面的作用。經由性教育的教學過程，智能障礙者可以去除他們不能被愛與喪失表現性能力之疑慮，重新積極的去感覺、供給溫暖和愛的能力，發展正面的自我觀念，以及對自己的性生理、心理、情緒和社會面，做負責任的決定。

　　性是每個人的本能，各種殘障並不減少他們對性的慾望。每個公民都有權力要求適當的教育，其中當然也應包含智能障礙者的性教育。智能障礙的青少年與一般正常少年們有相同的情緒和性動機，但他們獲得的性知識卻更少，因此他們面對性的需求和刺激時更加脆弱，而無法保護及面對自己。

　　本人於國內推動性教育之教學與研究、著述、演講及訓練工作已三十餘年，然因性教育推動對象範圍較為廣泛，無法全面顧及，其中智能障礙者的性教育，更需專業者的努力。策畫主編此教材之張小芬老師，為國立台灣師範大學特教博士，任職於國立海洋大學副教授。小芬老師與我於台

灣性教育學會年度大會時相遇，得知其所學為特殊教育，於地方教育輔導亦工作耕耘多時，發現智能障礙的學生缺乏性教育相關知識，往往成為性騷擾、性侵害的受害者或加害者，便鼓勵為智能障礙者性教育工作努力。

　　目前坊間性教育教材雖多，但適用於智能障礙者性教育的教材卻極為缺乏，故特別成立智能障礙者性教育教材教法編輯委員會，邀請任教於高中職特殊教育學校（班）之教師，共同針對智能障礙者性教育實施現況與問題進行交流討論，研發「智能障礙學生性教育教材與教學媒體」。此套教案共分為五章，從性生理的發展與保健、自我保護、異性的交往、健康的性態度與價值觀的建立、節育與生育五大主題，循序漸進，每單元皆設計有教案、教學簡報、學習單、評量表等，並說明設計架構、教學目標、教材設計說明、教學建議及參考資源，其架構完整、設計內容豐富，其中具體而活潑的教材對智能障礙者的學習有很大的幫助，是一套對智能障礙者性教育非常有益的教材。

　　殘障者同樣有權獲得完整的知識和加入我們的社會，正是我們對智能障礙者應有的態度。他們有權獲得完整的知識，包括與性有關的知識。目前國內針對智能障礙者的性教育推廣並不多見，此教案實屬難得，也希望藉由此套教材，早日成功地在國內推廣，能實際幫助智能障礙者建立其正確的性知識、性態度，以及增進自我保護、異性交往的能力，進而提升其生活品質。除了智能障礙外，也有視障、聽障、身障者等，需要相關的性教育資源，希望日後能有更多像此書一樣優秀的教材，能提供給這些學生更完整的性知識。

台灣師範大學健康促進與衛生教育學系教授

杏陵基金會執行長

台灣性教育學會名譽理事長

晏涵文

2010 年 8 月 17 日

推薦序　杜序

　　現今中小學校兩性教育之實施效果不彰，或可歸咎於兩個環境因素，一為社會環境，二為學校環境。更明確地說，社會環境指的是性觀念和態度，特別是部分學生家長偏差的性觀念和保守的性態度，導致阻礙學校兩性教育的實施。學校環境指的是教學資源的不足或教學方法與策略的不當運用。同時由於教學材料的缺乏，學校教師難為無米之炊，直接影響教學成效。

　　欣聞國立海洋大學張小芬教授領導一個專業小組，著手編寫了一本啟智教育類的兩性教育專書，深覺有助於中小學在兩性教育之落實，因此樂為之序。

　　此書在教材內容上，涵蓋了對青少年極為重要的性教育議題，包括性生理的發展與保健、自我保護、異性的交往、健康的性態度與價值觀的建立，以及節育與生育等。在教學方法和策略上，作者群結合了 ABC 矯正法和六 W 學習法，並且透過情境的認知，俾能有效地習得自我保護的技巧，並應用於特定的情境中，作法可說獨樹一格，有別於傳統的教學方法，因此若能採用本教材，其教學成效可期。

　　本書在適用對象上，根據書中的內容架構和教學目標，教學對象可包括各個發展階段的智能障礙兒童和青年，實施於不同障礙程度的智能障礙朋友。

　　值得一提的是本書作者群的背景，涵蓋若干不同的專業領域，除了特殊教育之外，還有護理、社會工作、競技運動、食品科學以及體育和健康等，透過科際整合與協同合作，使書本內容更具多元化和多樣性。因此，

在敘寫的格調和表達的方式上，頗能讓不同背景的使用者所接受。

整體而言，在啟智教育領域中，本書實為近年來難得的佳作，也是極為實用的教科書和參考教材。

杜正治 謹識於
國立台灣師範大學特教系
2010 年 8 月

策畫主編序

　　編寫一本智能障礙者性教育教材與教學媒體，不論是教材編輯與媒體製作都是一大挑戰，感謝上帝讓我遇見一群充滿教育熱誠的夥伴——林永堂校長、林麗卿主任、葉瑞華主任、謝德全主任以及宇良、金茂、虹利老師，你們無怨無悔的付出，與我共度無數個週三下午討論會。依稀記得每位教師輪番上場報告教案與教學簡報時，成員間熱烈討論的盛況。最令我感到佩服的是，大家那種毫無保留的分享與回饋，以及願意不斷自我挑戰與修正教材的用心，討論的時間往往從三小時延長到四小時之久，你們總是不厭其煩地進行多次修正，只為了讓教材更臻理想。好多次散會返家的途中，我望著星光，心中響起無限的感動與盼望，你們的熱情與付出是促成我完成本書編輯的最大推手，希望能不負所託，將大家辛苦的成果與更多人分享。

　　回想本書的源起是筆者擔任地方教育輔導工作時，在幾次的高中職特殊個案研討會中，發現教師對於智能障礙學生異性交往的輔導最感困擾，因為這些學生普遍欠缺性騷擾、性侵害的防範知能，部分學生甚至成為性騷擾、性侵害的受害人或加害人。智能障礙學生和同年齡的一般學生相較，除了智能的差異外，在性生理的成熟與性方面的興趣和一般學生少有差異存在，因此智能障礙者對於性的好奇與需求是很自然的現象，且環境中到處充斥著性有關的資訊與媒體，更易引起學生性的趨力與探索，加上智力的限制與不利的教養環境，青春期的智能障礙者常有不當的性態度與行為發生。

　　雖然近年來教師或家長多數都認同智能障礙者性教育的重要，也認為

學校在國小開始就有必要加強智能障礙學生性教育有關的輔導，而且根據《性侵害犯罪防治法》第七條，亦規定各級中小學每學年應至少有四小時以上之性侵害防治教育課程。但性教育到底應教些什麼以及如何教導才能符合智能障礙者的需求，則是莫衷一是。坊間性教育教材雖多，但適用於智能障礙者性教育的教材仍極為缺乏，教材的編輯也少有理論的基礎，或研究的論證。這也促成筆者想結合理論與實務，編輯一本適用於智能障礙者性教育的教材教法，提供智能障礙者有效的性教育課程。

筆者於九十七學年度，在國立台灣海洋大學「教師教學研究」經費的補助下，執行為期一年的「高中職智能障礙者性態度之評量與教學方案」計畫，成立智能障礙者性教育教材教法編輯委員會，邀請任教於高中職特殊教育學校（班）之教師，且對於智能障礙者性教育有濃厚興趣者，共同針對智能障礙者性教育實施現況與問題進行交流討論，共同研發此教材與教學媒體，並且進行教學與評量的研究。本套教材的編製從 2008 年 5 月到 2010 年 2 月，討論次數多達十五次之多，歷經教材研發與實驗教學才完成本教材的編輯與製作。編輯群包括：二所啟智學校（台北啟智學校、桃園啟智學校）、二所特教學校（文山特教學校、屏東特教學校），以及一所高職特教班（基隆商工）共五所學校，合計七位資深特教教師及十五位實習教師。本教材之所有劇本編寫與影片拍攝、製作，包括演員等，完全都由本教材編輯委員與實習教師擔綱，在此特別感謝基隆特殊教育學校教師：鄭富騰、蕭曼萍、楊勝文、李家昀老師義務指導影片的拍攝與演出，以及實習教師：蘇于晴、駱主元、方敏睿、曾滿枝、陳資敏、林沛潯、陳恩溥、謝宗均、張雅婷、鄭文茹、陳彥伶、蔡雅芝、劉于潔、李馥君、許超男等人參與教案、簡報的設計及影片拍攝，才能順利完成本教材與教學媒體的編製。為了使教材內容能符合智能障礙者使用，特別感謝台北啟智學校、文山特教學校、基隆特教學校熱情的協助，進行為期十週二十節的實驗教學，研究結果發現智能障礙學生經過本課程之教學後，在性知識、性態度、自我保護的知識與技能等都有相當的進步。

教材之理論的依據係使用「前事─行為─後果」（A-B-C, antecedent-behavior-consequence）矯正法的概念為架構，教導正向（正確、安全的）行為為主軸。每個單元的教案設計，不論是性知識、性態度、性行為的教學均以故事的方式，以六 W（what、where、when、who、why 及 how）的問句進行提問。內容取材結合時事、案例、情境的引導與提問，並以故事方式拍攝成影片，具體而生活化的教材有助於智能障礙學生之學習。時事、案例（性騷擾與性侵害的相關新聞或校園事件）與情境故事，因為是比較具體而且真實的內容，所以較能引起學生學習的興趣，學生透過各種情境，可以學習每個情境下可能發生的問題。過程中教師多以提問代替教導的方式，更可了解學生的想法，讓學生有充分的參與，學生也可藉由劇本進行角色扮演，增進學習效果。

在性騷擾與性侵害的教學，主要係以某種情境作為前事，教導學生了解這個前事緊鄰的行為可能引起的危險結果，讓學生學習辨別某種情境（A），可能會引起不安全的行為出現（B），而不安全行為出現後隨即發生的後果（C）又是如何，以此具體的故事情境教導，有助於其對危險情境的辨別，以及行為後果的預測能力，讓學生能於前事發生時，有能力採取安全的行為，避免危險的發生，若危險不幸發生也能知道如何求救的技能。

本教材教法涵蓋教學單元總表及五章共十六單元的教案、課程架構圖、課程設計說明、教學建議、參考資源，以及教學簡報、影片、學習單、評量表等。教學單元與目標的擬訂參考教育部（2000）《特殊教育學校高中職教育階段智能障礙類課程綱要》，教育部（1999）《特殊教育學校（班）國民教育階段智能障礙類課程綱要》，以及《性侵害犯罪防治法》（2010）第七條之性侵害防治教育課程內容編製。教師可以依據學生的障礙程度、教育階段與實際的需求，並考慮可授課時數，從教學單元總表中選擇適合的主題與教學目標，規劃該學期的教學內容。由於本教材適用對象涵蓋輕度至重度智能障礙者，教材內容所涵蓋的廣度也相當多元，

所以適用的教育階段，可涵蓋國民教育階段之資源班、特教班，與高職階段之特教學校、教養機構，及高職綜合職能科或其他類科之智能障礙學生等，作為性教育或性侵害防治教育課程之教材教法。

本書從計畫的通過到執行出版，歷時近兩年，其間最大的挑戰是筆者於 2009 年 6 月突然生了一場大病，感謝外子信興的細心照護，女兒佳恩、沛恩與兒子杰恩的貼心懂事，讓我術後的恢復相當良好，更感謝母親、姊弟們的協助與支持，尤其弟弟鴻彬在病中對我的關照與付出都讓我銘感於心，此外，主內的弟兄姊妹、親朋好友、師長、同事、學生們的關愛與祝福，也是讓我平安度過這場人生風暴的力量，謹以此書用以紀念大家對我的祝福與我心中無限的感恩。本書的出版，首先要感謝台灣海洋大學教師研究計畫的經費補助，讓我有機會為智能障礙者的性教育貢獻心力，也由於此工作的進行才有機會結識一群充滿熱情與教育愛的教師，在長期的努力下完成本書的編輯與實驗研究，且所有撰稿者同意將版稅捐給基隆市智障者家長協會，均此表達由衷的敬意與謝意。本書出版之際，特別要感謝助理賴儀真行政聯繫、彙整、排版、校對的辛勞，更感謝心理出版社的慨允出版，讓我們能將此書與教育界的夥伴共同分享。

張小芬 謹識於
國立台灣海洋大學教育研究所　2010 年 7 月

謝辭

　　承蒙張小芬老師的邀約促使我有此榮幸參與《智能障礙學生性教育教材與教學媒體》一書的編輯，這是個有急迫需求且難度相當高的議題。在編輯的過程中作者群們不斷思考與修正主軸，希望能由淺入深、由理論帶入實務，更須考慮教學上能讓智能障礙學生在似懂非懂的情境下確實習得知識，學習自我了解與保護後，又不會有不良模仿的反效果。「性教育」該給予多少尺度的教導？實是值得深思的事。這不僅受民風、習慣認知的影響，教導智能障礙的學生課程設計中更有家長接受度的問題。經組員們絞盡腦汁、共同分工及整合後，終於將課程撰寫成書。

　　而就在教材即將成書之際，發起人張小芬老師卻因病逝世，令人十分痛心，突然失去一位認真、優秀的教育人才，除令人婉惜外又深深的不捨。經兩年多的合作，深感張老師對工作的盡心盡力、對人的友善和氣、對學生需求的深入了解，實在是個令人敬佩的人。本書若沒有張老師小芬長期督促與集結夥伴一次又一次的切磋討論，恐難成形，在此衷心感謝也懷念張老師小芬。希望此書能對智能障礙學生在性教育之教導與學習上有所貢獻，也完成張老師想為孩子編一本有理論又兼具實務的教材之心願。

　　在此也要感謝共同合作的所有夥伴，有了大家的相互支持，才使本書得以完成。

林麗卿

2011 年 1 月 10 日

第 1 篇 智能障礙學生性教育

壹 智能障礙學生性教育的重要性

貳 智能障礙學生性教育的內涵

參 智能障礙學生性教育教材與教學媒體簡介

智能障礙學生性教育

▌張小芬

壹、智能障礙學生性教育的重要性

　　智能障礙者性教育課程的實施，是性侵害防治方案推行的基礎。Monat（1982）強調忽視智能障礙者性教育是極大的危險，智能障礙者與一般人互動的機會甚多，沒有性教育容易使其受到性的虐待與剝削。智能障礙者之性知識與態度關係到他們的生活品質，教育工作者應對於智能障礙者之性知識，與性態度的議題加以討論與評量，了解智能障礙者性教育的需求與實施效果。事實上，智能障礙者性議題被提起，會讓很多人感到不舒服、困惑與兩難，所以不難理解智能障礙者性行為與表達會被壓抑或否認的原因，特別是有很多智能障礙學生的教師或家長，常把他們當成長不大的孩子，忽略他們身體、性生理的成熟，與對性的好奇等事實。有些智能障礙學生由於長期受到家長的保護，常導致他們缺乏人際的互動經驗與兩性交往技能的發展，在朋友非常少的情況下，他們會盡量去討好對方以滿足其被愛的需求，這同時，若又欠缺適當的性知識，更容易使其成為被性騷擾與性侵害的對象。有許多研究便發現智能障礙者很容易成為非志願性懷孕與性病傳染的犧牲者，這些事件的發生比率較非障礙的同儕高出許多（Galea, Butler, & Iacono, 2004; Harader, Fullwood, & Hawthorne, 2009）。

　　國內身心障礙者性侵害的比率，從內政部家庭暴力及性侵害防治委員

會的全國資料分析，結果顯示 2002 至 2007 年性侵害的比率，六年內身心障礙者性侵害的人口從 103 上升到 586 人，上升幅度 469%，身心障礙者受到性侵害的比率是一般人口的 2.7 倍；而智能障礙者性侵害的案例，在身心障礙人口數中為最大的族群（超過 50%），六年內從 55 人上升到 304 人，每萬人性侵害的比率從 7.15 上升到 33.41，由此可見智能障礙者是身心障礙人口中，最容易受到性侵害的族群。性教育與性侵害防治工作的推展刻不容緩，學校更應針對智能障礙者的身心特質，設計適用於智能障礙學生的性教育教材教法（Lin, Yen, Kuo, Wu, & Lin, 2009）。

在障礙人口性研究侵害的案例中，智能障礙的兒童、青少年與成人特別容易受到性虐待與性剝削，需要有預防與協助的服務。Pan（2007）的研究以台灣 336 名智能障礙者為訪談對象，發現這些人中遭受性虐待的比率為 5.4%。事實上，智能障礙者被強暴與性侵害的案例，很少案例會在法庭中處理，出現比率有明顯低估的現象（Aylott, 1999）。有研究便指出，性侵害的受害人向警察報案或尋求醫療照護者不到五成，特別是加害人為自己的朋友時，報案的比率就更少（Feldhaus, Houry, & Kaminsky, 2000）。

由上述研究可以了解智能障礙者被性騷擾與性侵害的比率確實高於一般人，有許多研究更指出，兒童時期被性侵害的人，成人後成為性侵害者之比率很高（Thompson & Brown, 1997），有很多被監禁之性侵害犯人，在過去都曾是性侵害之受害人（NCH, 1992）；Balogh 等人研究智障的性侵害，結果發現 17 名男智障加害人中，有 11 人曾是受害人，5 名女智障加害人過去都曾為性侵害的受害人；另一篇研究（Johnson, 1989）指出所有性侵害之女性加害人，都曾經是性侵害受害人。但這並不意味所有被性侵害者，將來都會變成性侵害者（Briggs & Hawkins, 1996; Langevin & Pope, 1993）。

Timms 與 Goreczny（2002）指出，智能障礙者不但是性知識有缺陷，他們常常也無法意識到社會的禁忌，例如對於個人空間的侵犯，或在公開的場合自慰。從 Lindsay（2002）研究說明智障者之智力程度若低於 25，

通常無法理解法律與社會的規範。2006 年 Haracopos 和 Pedesrsen 以 16 到 40 歲來自機構中的智能障礙者與自閉症者研究指出：最常見的性表達方式為自慰，其次為非直接性表徵的行為如：牽手、擁抱、親吻，極少數的人會對他人以直接觸摸隱私處，或性交的方式表達性慾需求。國內一篇針對高職階段智障學生異性交往的研究指出，智能障礙者異性交往，最常見的表達方式以牽手居多（古芳枝，1998）。Walter 和 Hoyler 訪談 10 位中度的智能障礙成人，年齡介於 22 至 46 歲，研究發現 65% 的男性與 82% 的女性有性交的經驗，但只有極少數是屬於經常性的性生活（引自 Leutar & Mihokovic, 2007）。

Hingsburge、Griffiths 與 Quinsey（1991）和 Luiselli（2000）提到智障者缺乏性知識，且又受限於人際互動的機會，難以建立良好的社會技能，在與異性的相處方面常因為不當的性關係與性無知，而產生性偏差的行為。障礙兒童全國傳播中心（National Dissemination Center for Children with Disabilities, NICHCY）指出障礙者常有的兩類錯誤的社會化行為，一為「公開與隱私的錯誤」（public-private errors），例如對於公眾與私人場所沒有界線的錯誤，在公共場所進行性的自我刺激，或說些不當的言語等；二為「陌生人與朋友的錯誤」（stranger-friend errors），錯將陌生人當成朋友或家人看待，包括：對陌生人擁抱或親吻的行為（Sweeney, 2007），這樣的結果易成為性騷擾或性侵害的受害人，也可能因違背社會風俗，而成為性騷擾的加害人，嚴重者還會成為被告，吃上官司。

誠如 Leutar 與 Mihokovic（2007）所言，智能障礙者很多性方面的問題，不是導因於障礙本身，而是源自他們早期被對待的方式與環境，這些都會形成負面的自我形象、性的辨別、性的責任、感覺與自信心發展。研究也發現智能障礙者性知識方面，以自我保護的領域以及健康的性行為得分最低。在性的自我保護方面，Cambridge（1999）發現智能障礙男性從事性行為感染 HIV 的風險高於非智能障礙者。Szollos 與 McCabe（1995）研究便指出，73% 的男性表示不曾使用過保險套。這也凸顯智能障礙者性教

育的重要，以及在課程設計內容應涵蓋性騷擾、性侵害、性傳染疾病與HIV/AIDS 等疾病的防範知識。杜正治（2000）研究指出性教育課程的實施，有助於防範性騷擾的發生，以及避免對他人表現性騷擾的行為，且不會因為實施性教育而激發其兩性行為。可見性教育課程的實施是各級學校非常重要的工作，而性教育的內容與實施方式，更應符合智能障礙學生的學習特質與需求，才能有助於建立其正確的性知識、性態度，以及增進自我保護、異性交往的能力，進而達成提升智能障礙者生活品質的教育理想。

貳、智能障礙學生性教育的內涵

McDermott、 Martin、 Weinrich 與 Kelly（1999）研究指出，提供女性智能障礙者密集式的衛生教育方案，可以改善其與性有關的衛生保健和知識。Neufeld、Klingbeil、Bryen、Silverman 與 Thomas（2002）認為性教育課程應該包括有效的溝通技巧、決策的技能、自信肯定地說「不」的能力等。這說明性教育課程不只是教導學生有關的性知識，必須涵蓋情意與技能的面向。根據《性侵害犯罪防治法》（2010）第七條規定，各級中小學每學年應至少有四小時以上之性侵害防治教育課程。性侵害防治教育課程應包括：(1)兩性性器官構造與功能。(2)安全性行為與自我保護性知識。(3)兩性平等之教育。(4)正確性心理之建立。(5)對他人性自由之尊重。(6)性侵害犯罪之認識。(7)性侵害危機之處理。(8)性侵害防範之技巧。(9)其他與性侵害有關之教育。

性教育方案的教學方式與內容是否有教學效果，Edmonson（1980）強調需要有科學性的評估。例如：有很多智能障礙的性教育方案，教導智能障礙社交技能（Bellamy, Clark, Hamre-Nietupski, & Williams, 1977; Champagne & Walker-Hirsch, 1982; Foxx, McMorrow, Storey, & Rogers, 1984; Mueser, Valenti-Hein, & Yarnold, 1987），這些研究發現這些訓練有助於發展智能障礙成人的社交行為或約會技巧，但這些效果只是初步的結果，並無法下結論認為方案是有效的。也有些性教育方案是用以改善性知識，Kempton（1988）的方案針對發展與學習困難者，以幻燈片、實況報導廣泛的議題，從直接的性知識（避孕、身體部位、生殖）到關係的議題（約會技巧、關係的建立、性侵害的防範）。Green（1983）針對女性智能障礙者所發展的方案，主要是月經、生殖、避孕、約會、婚姻與養育。但這些研究都缺乏實施效果的評估。

　　本教材教學單元與目標的擬訂參考教育部（2000）《特殊教育學校高中職教育階段智能障礙類課程綱要》、教育部（1999）《特殊教育學校（班）國民教育階段智能障礙類課程綱要》，以及《性侵害犯罪防治法》（2010）第七條之性侵害防治教育課程內容編製。高中職階段之課程綱要中將「性教育」綱目歸類於「家庭及個人生活能力」核心領域之次領域「健康」，也就是性教育屬於「健康」次領域中之一項綱目，共有四個項目，分別為：(1)性生理的發展與保健；(2)兩性的交往；(3)婚姻生活；(4)性安全防衛。此四個項目下涵蓋二十五個能力細目。國中階段之課程綱要中將「兩性教育」項目歸類於「生活教育」核心領域之次領域「自我照顧」，屬於「生理健康」綱目中的項目之一，共有三個細目，分別為：(1)生理表徵；(2)衛生保健；(3)兩性交往。此三個細目下涵蓋十個學習目標，分別為男外表特徵、女外表特徵、心理調適、男青春期保健、女青春期保健、處理月事、約會、戀愛、擇偶、安全防衛等。綜合整理兩個不同階段的課程綱要，共通之處有三，兩者均包括三個項目，分別是「性生理發展與保健」、「異性交往」、「安全防衛」；不同之處是高中職階段增列「婚姻生活」一項。以教育部之課程綱要與性侵害防治教育課程相較，前者比較未涉及性心理與性態度的內涵，例如：防治教育課程中之第四項「性心理之建立」、第五項「對他人性自由之尊重」。因考慮智能障礙者實際的需求與性教育授課時數的限制，本課程將「婚姻生活」項目中的細

目之家庭組織、家庭生活、夫妻相處與養育常識刪除，只保留避孕的議題，重點為教導性行為的責任，與適當的避孕方法。增列「性心理與性態度」的項目，涵蓋性衝動、性行為後果的預測、性衝動情境的辨別、價值觀的澄清。根據上述調整後，本教材分成五章，分別是：「性生理的發展與保健」、「自我保護」、「異性的交往」、「健康的性態度與價值觀的建立」、「節育與生育」，合計十六個單元，共三十二個教學目標。

　　本教材非常適用於國中資源班、啟智班與高職特教班與特教學校，作為智能障礙學生性教育或性侵害防治教育課程之教材教法。但實施時需考慮受教的對象不同，個別差異極大，障礙程度從輕度到重度均有，因此，教師應視學生障礙程度、學習情況與需求選擇適合的單元，教學比重與每週教學時數，建議教師視學生年級、能力與需要彈性調整。本教材的編輯除具備學理與研究的基礎外，所提供之教材與教學媒體，更有助於國高中階段智能障礙者性教育的實施。

參、智能障礙學生性教育教材與　教學媒體簡介

一　教材之理論基礎

　　本教材之使用對象為智能障礙者，所以教材的編寫需特別考量智障者學習的特性，根據皮亞傑（Piaget）的智力理論，輕度至中重度智能障礙者，其智力停留於具體操作期至前操作期，這說明了性教育的教學，必須能將概念以具體的方式表示，才能幫助智障者有效的學習。有關智障者性教育的輔導，Lakey（1994）認為可以使用教導、討論、影片與角色扮演的方式進行。在一篇智障性侵害者的治療研究，便使用角色扮演促進其社會

技能，以及增進其對受害者的同理心，教材使用情境的故事做治療方式，聚焦於性侵害有關的錯誤想法、性侵害情境的問題解決、性侵害行為的分析。研究中發現，智障的成人者對於電視或廣播有關性侵害事件的報導感到興趣，關心法律與大眾對此事的態度，故使用情境故事，引導治療的成員想像並討論可能會發生的事情，以問句引導的方式，代替教導，所以參與者可以聚焦於發展邏輯的論述（Lindsay, Olley, Baillie, & Smith, 1999）。透過角色扮演的互動，及對於各種促發性侵害情境的問題解決練習與討論，這樣的方式用於智障性侵害者的治療，有多篇研究也認為是很好的方式（Jackson & Marzillier, 1983; Lindsay, Symonds, & Sweeet, 1979; Michie, Lindsay, Todman, & Smith, 1997）。

　　由上可知性教育教學要有效果，需要掌握智能障礙者的學習特性，教材的設計最好能以故事或時事的方式編寫，學習內容要符合學生的需求並貼近學生的生活經驗，較能引起其學習動機。根據故事所發展出的各種情境，可讓學生有機會藉由情境的模擬，了解在某種情境下什麼是安全行為與不安全行為，而不安全行為的後果又是如何，這可以幫助學生學習對於不安全情境的辨別，避免引起自己或他人發生性衝動的行為，而成為性騷擾／性侵害的加害人或受害人。這樣的概念與「前事─行為─後果」（A-B-C, antecedent-behavior-consequence）矯正法的架構很類似。ABC 矯正法也稱為行為序列分析（sequence analysis），是最常被用於特殊學生之問題行為輔導，為一種功能性評量，用以分析標的行為發生之前與之後的事件，據以決定這特殊的前事與後果與標的行為發生的一致性（Lerman & Iwata, 1993）。ABC 矯正法之所以為功能性評量，其基本假設是認為每種偏差行為的發生都有其功能性，也就是說當個案以某種特定行為出現時，便可以得到需求的滿足，這樣的結果更加強了此偏差行為的發生。所以教師若能有系統地分析偏差行為發生時之前因與後果，便能教導學生以適當的行為取代原有的偏差行為，同時在行為的後果給予增強，讓個案同樣能得到需求的滿足，有助於加強輔導其適當行為的建立；這說明了功能性評

量後的重點，是要給予學生正向行為支持，幫助學生建立符合社會規範的適當行為。

本教材目的不在功能性評量，使用 ABC 的理論於教案的設計，主要是應用 ABC 的架構來設計教案，也就是利用一個情境作為前事，教導學生了解這個前事緊鄰的行為，可能引起的危險結果，讓學生學習辨別某種情境（A），可能會引起不安全的行為出現（B），而不安全行為出現後隨即發生的後果（C）又是如何。以此具體的故事情境教導，有助於其對危險情境的辨別，以及行為後果的預測能力，所以教材設計的另一個重點，是以影片讓學生分辨「安全行為」與「不安全行為」的後果，也就教導學生面對某種情境（A），可能採取的「正向行為」（安全的、適當的、正確的行為反應）。學生經由影片的學習與討論，加上角色扮演的模擬，更能了解於前事發生時，可以採取的安全行為，避免危險的發生，若危險不幸發生也能知道如何求救的技能。這樣的教材設計除了對於性騷擾與性侵害的防範是很好的教學模式外，也能應用於性生理、性知識與性態度的教導。

從上述的研究可以說明智能障礙性教育的實施，需要貼近智能障礙者的生活經驗，並透過具體的新聞事件以引起他們的注意力與學習動機，在教學技巧方面也要多使用提問與角色扮演，提供適當的回饋與增強，並以反覆練習為原則，以增進學習結果的保留與遷移，讓他們成為主動的參與者，以增進學習效果。本教材應用 ABC 理論於性教育的教學，具體作法是每個單元的教案設計，不論是性知識、性態度、性行為的教學均以故事或時事的方式，以六 W（what、where、when、who、why 及 how）的問句進行提問，並以影片、圖片與角色扮演進行教學，在情境故事的學習方面，不但有助於擴展智能障礙學生性議題的相關經驗外，更能經由教師的教導，讓他們學習正確的性知識、性態度與自我保護行為，有效地預防性騷擾與性侵害的事件發生。例如在性騷擾／性侵害的故事，影片分成前事（A）的辨別，接下來則是不安全行為（B1）與行為的結果（C1），最後

影片則示範學生在危險情境，可以說些什麼或做些什麼，是屬於安全的行為（B2），以及行為結果（C2），並讓學生以角色扮演的方式，學習遇到危險情境時該如何避免傷害，也能具備辨別危險情境與自我保護的能力。在性生理的教學，設計故事情節以影片播放的方式，讓學生容易了解發生了什麼事情，接著以提問方式和學生互動，並示範如何做好性生理的保健，再由學生動手操作，學習保健的知識與技能。以下就性騷擾與性生理的教案設計做具體的說明如下。

(一)性騷擾教學範例

參考來源：第二章（自我保護）第二單元

情境故事

前事（A）：楊叔叔對小莉很好，常常買玩具給小莉玩，也時常到小莉家裡作客。有一天小莉坐在沙發上看電視，媽媽在陽台收衣服，客廳只剩楊叔叔一個人。

行為（B1）：楊叔叔假借看報紙靠近她，拉下褲子拉鍊，強拉小莉的手伸進褲子內，碰觸生殖器。

後果（C1）：小莉受到驚嚇掙扎，要「楊叔叔」不要這樣，楊叔叔還說：「你這樣，我不跟你玩了。」小莉覺得很不舒服……

情境故事相關提問（以六 W 進行提問）

　　1. 問：小莉發生了什麼事？

　　　　答：手被拉去摸楊叔叔的生殖器及陰毛。

　　　　（老師補充：所以小莉是遇到了「性騷擾」。）

　　2. 危險情境分析：

　　　　問：小莉為什麼會發生這件事？

　　　　答：因為小莉獨自一人跟楊叔叔一起在客廳。

　　3. 減少傷害：

問：小莉現在該怎麼辦？（開放回答）

答：離開客廳／跑去找媽媽／大叫。

4. 此事件發生所造成的後果？（開放回答）

問：小莉經過這次事件後，會變成怎麼樣？

答：看到楊叔叔會害怕躲起來／不敢獨處／不敢接近家人以外的人。

5. 此事件如何補救？（開放回答）

答：請學校輔導老師幫忙／與家人討論／與同學、朋友討論。

6. 此事件如何預防？（開放回答）

答：小莉不要一個人跟家人以外的人獨處／與家人以外的人保持適當距離。

經由上述提問與學生互動後，學生了解到小莉單獨與叔叔在客廳是一個危險的情境，所以知道如何立即反應才可以避開可能的危險或不舒服的情境，由此情境故事中學生自然的了解到不安全行為與行為之後果，並學習什麼是安全的行為與安全的行為後果。兩者比較如下：

不安全的行為（B1）：留在客廳使得楊叔叔有機會靠近她，做出性騷擾的行為。

不安全的後果（C1）：因被性騷擾而受到驚嚇……很不舒服……

安全的行為（B2）：離開客廳／馬上大叫跑去找媽媽。

安全的後果（C2）：使得楊叔叔沒有機會靠近她，避免受到性騷擾。

標的行為的建立主要是經由影片示範，增進學生學習不安全情境的辨別，以及不安全行為與安全行為的結果預測，學生經由圖片、影片的學習後，有助於情境的辨別與行為後果的預測能力，讓學生學習安全的行為，避免危險的發生。

(二)性生理的教學範例

參考來源：第一章（性生理的發展與保健）第一單元

情境故事

前事（A）： 小英上課上到一半，突然肚子痛，⋯⋯小英在廁所一直哭，
　　　　　　說自己快死了。因為身體流血，而且她很害怕⋯⋯。原來小
　　　　　　英的初經來了。

情境故事相關提問（以六 W 進行提問）

　　1. 小英這次為什麼肚子痛？

　　2. 月經來了可以怎麼處理？

　　3. 月經來了該注意哪些事情呢？

　　經由提問能幫助學生了解月經的特徵，以及月經的處理方式，建立學
生月經來時的衛生保健行為。

行為（B）：去找老師幫忙，或到保健室去借「衛生棉」。

後果（C）：學生學習維護生理期間的清潔健康。

　　標的行為的建立主要是經由影片示範，教導學生學習衛生棉的使用，
此外也教導學生生理期間的保健方法，學生經由圖片、影片的學習後，可
以輕鬆地學會衛生棉的使用與生理期間的健康維護方式。

二　教材設計架構

　　本教材分成五章，分別是：性生理的發展與保健、自我保護、異性的
交往、健康的性態度與價值觀的建立、節育與生育，合計十六個單元共三
十二個教學目標。每個單元設計包括教案、單元設計架構圖、教學目標、

教材設計說明、教學建議、參考資源、教學簡報、學習單、評量表。以下分就五章的學習主題做簡要的說明：

(一)性生理的發展與保健

第一章「性生理的發展與保健」共有四個單元：第一單元分為三個部分，分別為女性生殖器官、月經的介紹與衛生棉的使用等；第二單元為男性生殖器官、外生殖器官正確清潔、夢遺與自慰之正確處理方式等；第三單元為性病及愛滋病的預防知識；第四單元為教導學生能尋求資源向周圍人員及單位求助。

(二)自我保護

第二章「自我保護」共分三個單元：第一單元為男女有別——我的隱私處，用以教導人身安全與自我保護；第二單元為認識性騷擾的意義，辨別引起性騷擾之高危險的場所與情境；第三單元為了解身體自主權與隱私權，並學習拒絕不當的身體碰觸。

(三)異性的交往

第三章「異性的交往」包含三個單元：第一單元為親密關係的學習，能依親疏遠近表現適當的行為，以及能辨別自己的情感與情緒；第二單元為能關心辨別對方的感受，學習結交異性朋友的適當方法，以及被拒絕時的適宜表達；第三單元為能適宜的表達對異性朋友的情感，建立良好的自我效能。

(四)健康的性態度與價值觀的建立

第四章「健康的性態度與價值觀的建立」共有三個單元：第一單元為了解與辨別個人性衝動的情境，以避免不當的性衝動，並能了解性行為的責任與後果；第二單元為辨別性的迷思與行為、辨別自己的行為是否引起

對方的不舒服、辨別他人與自己的想法與感受的相異點；第三單元為了解
從事性有關的事物（例如觀看色情影片網站、黃色書刊等）所引起的不好
影響，以及提出改進的方法。

(五)節育與生育

第五章「節育與生育」包含三個單元：第一單元為學習各種避孕方
法；第二單元為了解受孕過程與徵兆，了解懷孕期間的保健；第三單元為
了解生產過程與可能的問題，以及能了解產後的醫護與保健。

茲將本教材所有章節名稱、單元名稱、主題內容、教學目標彙整成教
學單元總表（如表 1），方便教師使用本教材時，可以依據授課的時數，
以及學生的年級、學習現況與需求，選擇適當的章節。

表 1　教學單元總表

章節名稱	單元名稱	主題內容	教學目標	教學時間
第一章 性生理的發展與保健 （200分鐘）	1. 女性性生理衛生保健	1. 性生理發育的變化 2. 生殖器官的認識（生理現象） 3. 性生理衛生保健（生理期清潔、生殖器官之清潔）	1-1 認識女性生殖器官的構造功能 1-2 能了解月經症狀 1-3 能使用衛生棉墊	50'
	2. 男性性生理衛生保健	1. 性生理發育的變化 2. 生殖器官的認識（生理現象） 3. 性生理衛生保健（夢遺、自慰、生殖器官之清潔）	1-4 認識男性生殖器官的構造功能 1-5 了解夢遺與自慰的衛生清潔	50'

（續）

章節名稱	單元名稱	主題內容	教學目標	教學時間
	3. 安全的性行為	安全的性行為（性病和愛滋病的防治）	1-6 生殖器官的感染症狀及護理 1-7 了解常見的性病與症狀 1-8 了解性病的預防與正確的醫療	50'
	4. 求助方式與資源	求助方式與資源	1-9 了解與性有關的協助機構與資源	50'
第二章 自我保護 （150分鐘）	1. 男女有別——我的隱私處	人身安全與自我保護	2-1 分辨身體的隱私處	50'
	2. 誰怕性騷擾？vs.我該怎麼辦？	身體自主權與隱私權（性騷擾防範）	2-2 認識性騷擾的意義 2-3 辨別引起性騷擾之高危險的場所與情境	50'
	3. 做自己身體的主人	身體自主權與隱私權	2-4 拒絕不當的身體碰觸	50'
第三章 異性的交往 （200分鐘）	1. 情感面面觀	1. 親密關係結果預期能力 2. 情感的自我調適	3-1 能依親疏遠近表現適當的行為 3-2 能辨別自己的情感與情緒	50' 50'
	2. 你的心情我了解	結交異性朋友的適當方法	3-3 能關心辨別對方的感受 3-4 能主動邀約異性朋友參與活動	50'
	3. 愛情宣言	正向自我效能	3-5 能適宜的表達對異性朋友的情感	50'
第四章 健康的性態度與價值觀的建立 （350分鐘）	1. 衝動，要不要	1. 了解辨別個人性衝動的情境 2. 性價值觀的澄清	4-1 辨別引起個人不當性衝動的情境 4-2 避免不當性衝動的情境 4-3 了解性行為的責任與後果	50' 50' 50'

（續）

章節名稱	單元名稱	主題內容	教學目標	教學時間
	2. 尊重你我他	性相關行為適切性的辨別	4-4 辨別性的迷思與自己對性錯誤的想法與行為	50'
			4-5 辨別自己的行為是否引起對方的不舒服（或被侵犯）的感覺	50'
			4-6 辨別自己和他人對於人際交往間的想法與感受的相異點	50'
	3. 色情網站，讚不讚？	性相關行為適切性的辨別	4-7 辨別從事性有關的事物與其他事物的衝突	50'
			4-8 辨別自己對從事性有關的事物所引起的不好影響	
			4-9 能針對自己在性有關的事物不好的影響，提出改進的方法	
第五章 節育與生育（150分鐘）	1. 避孕方法	節育	5-1 能了解各種避孕方法	50'
	2. 受孕過程徵兆與保健	生育	5-2 能了解受孕過程與徵兆 5-3 能了解受孕期間的保健	50'
	3. 生產過程與產後保健	生育	5-4 能了解生產過程與可能的問題 5-5 能了解產後的醫護與保健	50'

三　教材使用方法

　　教學是一門藝術，真正能使教學成功的關鍵仍在教師，教材只是一個參考的媒介，因此，本教材的設計為考慮教師教學的便利性，除了提供教學相關的資料（教材的設計說明與教案、教學建議、參考資源）外，特別製作教學簡報、學習單、評量表方便教師上課使用。教學簡報中也將教學所使用的影片以超連結的方式置入，影片的製作與剪接分成完整版與剪接版，剪接版係根據教學中的提問內容，方便教師逐段播放，或針對特定情節重播使用，為配合教學活動順利進行，所有的影片都有一個編碼的流水號，此流水號與該單元之教學目標或行為目標的編碼是一致的，這些流水號也都列入教案「教學資源」一欄與簡報中，所以教師使用本教學媒體，可以節省教學相關資源的搜尋與教具、評量等資料的製作時間，本節就教案與教學簡報、教學資源（影片、學習單、評量表）的使用方法做簡要的說明。

(一)教案與教學簡報的使用方法

　　本套教材每一章的教學時間大多為三至四節課，教案的設計均以一節課（50 分鐘）為單元撰寫，教案中包括「單元名稱」、「教學時間」、「教學目標」、「行為目標」、「教學活動」、「評量方式」及「教學資源」，教學簡報完全依據教案內容之教學流程設計，簡報所使用之影片為方便教師使用，均置入簡報檔案中，影片以流水號作編碼，編碼後的符號「#」為影片的超連結，只要輕點一下「#」，便可進入影片播放。例如：第一章教學活動一開始便先播放影片，所以影片的連結便置於教學目標流水號的後方，如圖 1 所示；其餘章節，則是根據教學流程的需要播放，如圖 2 所示。

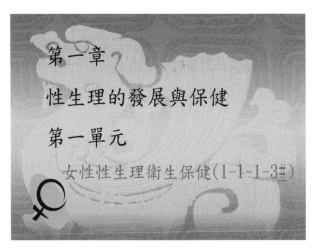

圖 1　影片流水號範例 1

圖 2　影片流水號範例 2

教學活動分成三部分說明：

1. **準備活動**：主要為引起學生學習動機，原則上教師可以先複習前一
　　堂課的重點，以提問方式了解學習的狀況，然後才進入本單元的教

學，簡報中已將教學相關的歌曲、影片或圖片等媒體做了超連結，建議教師於上課前應先看過教案，以便善用教學媒體引導學生學習；此外，有些章節的劇本，非常適合用於角色扮演，教師可善加應用以增進學生的學習興趣，過程中教師以提問的方式和學生進行互動，帶入教學單元的主題。

2. **發展活動**：根據所看過的影片進行情境故事的提問，過程中也可以根據影片的剪接版，進行情節的重播加深學生的印象，再以六 W 的方式提問，以了解學生的想法，互動中盡量鼓勵學生回答，對學生的任何回答（即使是錯誤）不要急著教導，應先給予讚美，不做任何批判，讓學生可以安心、自由地與教師互動，教師只要將學生的回答進行整理摘述，對於學生未察覺的危險情境，教師再進一步提出問題，以增進學生辨別危險情境的能力，並學習預測行為後果的能力。由於本教案設計的理論基礎為前事—行為—後果的模式，故教師在教學時不難發現，有關性騷擾與性侵害相關主題，教案中的提問都是在引導學生對於行為前事的辨別，並了解此前事可能引起的行為，以及預測行為的後果；其他屬於性生理方面的主題，雖然沒有安全與不安全行為的辨別，但以情境故事為教學除了可以引起學生學習的興趣，也可增進學生的生活經驗。影片中的角色互動方式也是很好的示範，學生經由這樣的學習與模仿後，比較能應用到真實的生活情境。教學過程中強調情境故事的提問，以了解學生性生理的知識，亦可以角色扮演的方式，教導學生健康的性知識，在技能方面的學習，教師盡可能以動作示範說明，並讓學生實際操作，以獲得所學習的技能，建立正確的行為。

3. **綜合活動**：教師對於上課的內容，進行簡要的複習與重點的綜合整理後，便可以使用學習單進行提問或由學生自行填寫。過程中可以觀察學生的理解狀況，給予適當的說明與填寫的協助，若時間允許還可以逐題與學生討論；時間不足時則作為學生的回家作業，並預

告下次上課的內容作為本節結束。

(二)教學資源的使用方法

1. **影片**：教師在進行教學中，遇到需要使用影片教學的活動時，只要簡報在播放功能中，點一下影片流水號旁的「#」，就可以進入影片的連結，開始播放影片。影片的流水號分成兩碼與三碼，說明如下：

   兩碼：影片的流水號與「教學目標」的流水號相同。

   　　　例如：影片 1-1 表示用於第一章第一單元「教學目標」1-1。

   三碼：因情境故事的影片教學，在「教學目標」項下再細分為「行為目標」，用以分段說明較細部的情節，而將影片剪輯為較短的內容，配合行為目標使用，故其流水號會增加一碼，此三碼與「行為目標」的流水號相同。

   　　　例如：影片 4-1-1 表示用於第四章第一單元「行為目標」4-1-1。

2. **學習單**：學習單分為 A 版及 B 版，A 版適用於輕度智能障礙的程度；B 版較為簡單，適用於中重度之智能障礙的程度。本教材的使用對象為中重度到輕度智能障礙學生，所以各章節均提供 A 版與 B 版的學習單，唯第一章「性生理的發展與保健」內容較為簡單，且多數在國高中之健康教育課程中已涵蓋，所以未設計輕度智能障礙學生之 A 版學習單。

3. **評量表**：評量表是以行為目標作為評量標準，評量方式包括紙筆、問答、觀察、指認及其他等五種不同的方式，教師可依教學進度實施的日期進行多次評量。日期可填入評量日期欄位，評量代號分為六個等級，評量數字從 0～5，數字所代表的意義分別為：5—獨立完成；4—口語提示可完成；3—示範才能完成；2—部分肢體協助完成；1—完全依賴協助；0—沒反應或沒學習意願。教師可以根據這

些代號填入評量表中，並以通過百分比表示學生的學習效果。

參考文獻

古芳枝（1998）。**高職階段智障學生性教育實施現況之調查研究**。國立台
灣師範大學特殊教育研究所碩士論文，台北市。

杜正治（2000）。台灣地區國中及高職智障學生性教育教學成效研究。**特
殊教育研究學刊，18**，15-38。

性侵害犯罪防治法（2010）。2010 年 6 月 10 日，取自全國法規資料庫，
網址：http://law.moj.gov.tw/LawClass/LawAll.aspx? PCode=D0080079\

教育部（1999）。**特殊教育學校（班）國民教育階段智能障礙類課程綱
要**。2010 年 6 月 10 日，取自教育部特殊教育小組出版品，網址：
http://163.21.111.100/tlearn/book/BookAll.asp? BookMainID=3

教育部（2000）。**特殊教育學校高中職教育階段智能障礙類課程綱要**。
2010 年 6 月 10 日，取自教育部特殊教育小組出版品，網址：http://
163.21.111.100/tlearn/book/BookAll.asp? BookMainID=2

Aylott, J. (1999). Preventing rape and sexual assault of people with learning dis-
abilities. *British Journal of Nursing, 8*, 871-876.

Bellamy, G. T., Clark, G. M., Hamre-Nietupski, S., & Williams, W. (1977). Habil-
itation. *Education and Training of the Mentally Retarded, 12*, 364-372.

Briggs, F., & Hawkins, R. (1996). A comparison of the childhood experiences of
convicted male child molesters and men who were sexually abused in child-
hood and claimed to be non-offenders. *Child Abuse and Neglect, 20*,
221-233.

Cambridge, P. (1999). Considerations for informing safer sex education work
with men with learning disabilities. *British Journal of Learning Disabilities,
27*, 123-126.

Champagne, M. P., & Walker-Hirsch, L. W. (1982). Circles: A self organization system for teaching appropriate social/sexual behavior to mentally retarded/ developmentally disabled persons. *Sexuality and Disability, 5*, 172-174.

Edmonson, B. (1980). Sociosexual education for the handicapped. *Exceptional Education Quarterly, 1*, 67-77.

Feldhaus, K. M., Houry, D., & Kaminsky, R. (2000). Lifetime sexual assault prevalence rates and reporting practices in an emergency department population. *Annals of Emergency Medicine, 36*, 23-27.

Foxx, R. M., McMorrow, M. J., Storey, K., & Rogers, B. M. (1984). Teaching social/sexual skills to mentally retarded adults. *American Journal of Mental Deficiency, 89*(1), 9-15.

Galea, J., Butler, J., & Iacono, T. (2004). The assessment of sexual knowledge in people with intellectual disability. *Journal of Intellectual & Developmental Disability, 29*(4), 350-365.

Green, D. T. (1983). A human sexuality program for developmentally disabled women in a sheltered workshop setting. *Sexuality and Disability, 6*, 20-24.

Harader, D. L., Fullwood, H., & Hawthorne, M. (2009). Sexuality among adolescents with moderate disabilities: Promoting positive sexual development. *The Prevention Researcher, 16*(4), 17-20.

Hingsburge, D., Griffiths, D., & Quinsey, V. (1991). Detecting counterfeit deviance: Differentiatiog sexual deviance from sexual inappropriateness. *Habilitation Mental Health Care Newsletter, 10*, 51-54.

Jackson, M., & Marzillier, J. (1983). An investigation of the treatment of adolescent social difficulty in a community based setting. *Behavioural Psychotherapy, 11*, 302-319.

Johnson, T. (1989). Female child perpetrators: Children who molest other children. *Child Abuse and Neglect, 13*, 571-585.

Kempton, W. (1988). *Sex education for persons with disabilities that hinder learning: A teacher's guide* (rev. ed.). Santa Monica, CA: James Stanfield Publishing.

Lakey, J. (1994). The profile and treatment of male adolescent sex offenders. *Adolescence, 29*, 755-761.

Langevin, R., & Pope, S. (1993). Working with learning disabled sex offenders. *Annals of Sex Research, 6*, 149-160.

Lerman, D. C., & Iwata, B. A. (1993). Descriptive and experimental analyses of variables maintaining self-injurious behavior. *Journal of Applied Behavior Analysis, 26*(3), 293-319.

Leutar, Z., & Mihokovic, M. (2007). Level of knowledge about sexuality of people with mental disabilities. *Sex Disabil, 25*, 93-109.

Lin, L. P., Yen, C. F., Kuo, F. Y., Wu, J. L., & Lin, J. D., (2009). Sexual assault of people with disabilities: Results of a 2002-2007 national report in Taiwan. *Research in Developmental Disabilities, 30*, 969-975.

Lindsay, W. (2002). Research and literature on sex offenders with intellectual and developmental disabilities. *Journal of Intellectual Disability Research, 46*, 74-85.

Lindsay, W., Olley, S., Baillie, N., & Smith, A. (1999). Treatment of adolescent sex offenders with intellectual disabilities. *Mental Retardation, 37*(3), 201-211.

Lindsay, W. R., Symonds, R., & Sweeet, A. (1979). A programme for teaching social skills to socially inept adolescents: Description and evaluation. *Journal of Adolescence, 5*, 63-69.

Luiselli, J. (2000). Presentation of paraphilias and paraphilia related disorders in young adults with mental retardation: Two case profiles. *Mental Health Aspects of Developmental Disabilities, 3*, 41-46.

McDermott, S., Martin, M., Weinrich, M., & Kelly, M. (1999). Program evaluation of a sex education curriculum for women with mental retardation. *Research in Developmental Disabilities, 20*, 93-106.

Michie, A., Lindsay, W. R., Todman, J., & Smith, A. H. (1997). A controlled investigation of changes following a programme of community living skills training and the validation of these changes through relocation. *Health Bulletin, 55*, 185-196.

Monat, R. K. (1982). *Sexuality and the mentally handicapped*. San Diego: College Hill Press.

Mueser, K. T., Valenti-Hein, D., & Yarnold, P. R. (1987). Dating skills groups for the developmentally disabled. *Behavior Modification, 11*, 200-228.

National Children's Home (NCH) (1992). *Report of the committee of enquiry into children and young people who sexually abuse other young children*. London: National Children's Home.

Neufeld, J. A., Klingbeil, F., Bryen, D. N., Silverman, B., & Thomas, A. (2002). Adolescent sexuality and disability. *Physical Medicine and Rehabiliation Clinics of North America, 13*, 857-873.

Pan, S. M. (2007). Prevalence of sexual abuse of people with intellectual disabilities in Taiwan. *Intellectual and Developmental Disability, 45*, 373-379.

Sweeney, L. (2007). The importance of human sexuality education for students with disabilities. *Exceptional Parent, 37*(9), 36-39.

Szollos, A. A., & McCabe, M. P. (1995). The sexuality of people with mild intellectual disability. *Australia and New Zealand Journal of Developmental Disabilities, 20*, 205-222.

Thompson, D., & Brown, H. (1997). Men with intellectual disabilities who sexually abuse: A review of the literature. *Journal of Applied Research in Intellectual Disabilities, 10*, 140-158.

Timms, S., & Goreczny, A. J. (2002). Adolescent sex offenders with mental retardation: Literature review and assessment considerations. *Aggression and Violent Behaviour, 7*, 1-19.

CHAPTER

① 性生理的發展與保健

▌林麗卿

一 教案

單元 **1** 女性性生理衛生保健（1-1～1-3）

單元名稱：女性性生理衛生保健	教學時間：50 分鐘
教學目標： 1-1 認識女性生殖器官的構造功能。 1-2 能了解月經症狀。 1-3 能使用衛生棉墊。	行為目標： 1-1-1 能根據圖示說出生殖器官的構造。 1-2-1 能根據圖示或情境故事說出月經的特徵。 1-2-2 能依據圖示說出處理月經症狀的方法。 1-3-1 能根據圖示使用衛生棉墊。 1-3-2 能根據圖示處理使用後之衛生棉。

行為目標	教學活動	教學時間	評量方式	教學資源
	一、準備活動 (一) 引起動機 老師：（使用生殖器官的構造圖片顯示）小嬰兒生下後，我們用生殖器官來認定男生、女生，而青少年期生殖器官開始成熟發揮其功能便開始有生孩子的能力了，女生從這時候起有機會懷孕當媽媽。	5 分		圖片模型

（續）

行為目標	教學活動	教學時間	評量方式	教學資源
	(二) 播放影片	3分	觀察	影片 1-1~1-3
	1. 情境故事簡述（事件描述）： 小英上課上到一半，突然肚子痛，去上廁所好久都沒出來，老師去關心她時，只見小英在廁所一直哭，說自己快死了。因為身體流血，而且她很害怕……。原來小英的初經來了。			
	2. 情境故事劇本： 老師：小英，你怎麼了，上廁所上好久，怎麼哭了？ 小英：老師，我快死了，我的身體流血了。 老師：哪兒流血？ 小英：尿尿的地方，而且我肚子好痛。 老師：來，到保健室去借「衛生棉」，老師再教你一些月經的事。 小英：月經？衛生棉？是電視上說有翅膀的東西嗎？我姊姊也有。 老師：是的。每位成熟後的女生都會用衛生棉，翅膀及品牌依衛生棉公司不同，且每個人依自己月經量不同購買不同產品。 小英：那什麼是月經呢？ 老師：就是每個月會從子宮中排出的血，經由陰道流出，發現自己來月經時，不用害怕擔心，要將衛生棉墊在內褲中間，避免經血弄髒褲子。 小英：可是我肚子痛。			

（續）

行為目標	教學活動	教學時間	評量方式	教學資源
	老師：月經依每個人的體質症狀有些不同，有些人會噁心、肚子痛、想吐、拉肚子及比較沒精神、脾氣不佳。如果症狀是自己無法忍受的程度就要看醫生。 小英：那還有什麼要注意的呢？ 老師：月經來時要注意： 　(1) 少吃冰冷食物，喝些溫開水。 　(2) 可熱敷小腹。 　(3) 用淋浴不要泡澡，避免細菌感染。 　(4) 經常更換衛生棉。至少每兩小時換一次，若是量大需常更換。 　(5) 注意身體清潔、天天淋浴。 　(6) 規律生活、減少激烈運動及刺激性食物。 　(7) 每月記錄自己的月經狀況。 小英：喔，我知道了，謝謝老師。 **二、發展活動** (一) 情境故事相關提問 1. 小英這次為什麼肚子痛？ 2. 月經來了可以怎麼處理？ 3. 月經來了該注意哪些事情呢？ (二) 衛生棉的使用方法 小英：那衛生棉要怎麼使用？ 老師：最好穿衛生褲或很合身的內褲，避免衛生棉無法固定。 　　1. 將衛生棉外塑膠袋打開。			
1-2-1 1-2-2		4 分	問答	
		3 分		布偶娃娃

（續）

行為目標	教學活動	教學時間	評量方式	教學資源
	2. 將衛生棉上中間的固定膠條撕掉，黏在衛生棉底部正中間。			
	3. 若有翅膀的產品，將兩邊膠條撕掉，再黏在衛生褲兩旁。			
	4. 穿上衛生褲時注意是否墊在中間，有無歪了，這樣才能有防漏作用。			
	5. 要記得常更換衛生棉。			
	小英：為什麼會有月經？			
	老師：月經來了是表示這個女生卵巢中的卵已成熟到可以受精了，當卵子沒有遇到精子，子宮內的內膜會剝落，就變成月經了，所以只有女生會來月經，也代表如果有了性行為可能會懷孕的身體。			
1-1-1	(三) 使用簡報教導學生女性生殖器官與月經知識。	15 分		簡報檔
	三、綜合活動			
1-3-1 1-3-2	(一) 請同學實際操作衛生棉的使用方法。	15 分	演練	衛生棉 內褲 學習單
	(二) 使用學習單評量學生習得之效果。	5 分	問答 筆紙	
	◎在此建議老師依學生的程度複習生殖器官，生殖器官的教材請見光碟簡報檔。			

單元 **2** 男性性生理衛生保健（1-4～1-5）

單元名稱：男性性生理衛生保健	教學時間：50 分鐘
教學目標： 1-4 認識男性生殖器官的構造功能。 1-5 了解夢遺與自慰的衛生清潔。	行為目標： 1-4-1 能說出男性生殖器官的構造功能。 1-4-2 能說出男性外生殖器清潔方式。 1-5-1 能根據情境故事說出夢遺與自慰。 1-5-2 能具體說出夢遺與自慰應注意的事項。

行為目標	教學活動	教學時間	評量方式	教學資源
	一、準備活動 (一) 引起動機 給同學看男性生殖器官的模型，問今天老師會討論什麼主題呢？ (二) 播放影片 1. 情境故事簡述（事件描述）： 　每天準時上學的小明上學遲到了，老師很關心他發生什麼事，才知道小明因夢遺、洗褲子，沒搭上公車，在此展開對夢遺解釋的對話。 2. 情境故事劇本： 　老師：小明今天上學怎麼遲到了？ 　小明：我……我……我今天沒有睡晚了，我很早就起床了。 　老師：那怎麼晚到校了呢？發生什麼事情？ 　小明：我……尿床了，可是，只有一點點，床單也沒濕。媽媽說我長大了要自己洗內褲，所以沒趕上公車。 　老師：那怎麼尿床，媽媽卻說你長大了？	5 分 5 分	問答 觀察	圖片 模型 影片 1-4、1-5

（續）

行為目標	教學活動	教學時間	評量方式	教學資源
	可以告訴老師更清楚一點嗎？ 小明：老師，我早上起床，發現內褲有一點濕濕黏黏的，從尿尿的地方衝出來。我不敢下床，後來媽媽進來叫我好幾次，我只好告訴媽媽我尿床了，媽媽卻有點生氣的說我長大了！要自己洗內褲。我又不是故意的，昨天睡覺前我只有喝兩杯水。 老師：嗯，媽媽可能是被你嚇了一跳，不是生氣。 　　　因為你應該是夢遺而不是尿床。 小明：嗯，什麼是夢遺？ 老師：夢遺是代表一個男孩子變成一個大人，身體開始會製造精子，開始有生孩子的能力了。 小明：老師，那我以後每天都會夢遺嗎？ 老師：不會，夢遺不一定天天都會發生，它是身體在睡醒前自然產生將精子排出的事，夢遺是正常的現象，不用害怕也不用期待。就像媽媽說的，早上起床若有夢遺，就將內褲換掉，乾淨就好。 小明：那我以後要是因為夢遺常常遲到怎麼辦？ 老師：減少夢遺的方法有：睡前少喝水、內褲不要穿得太緊、不要看太刺激的書、相片或影片。			

（續）

行為目標	教學活動	教學時間	評量方式	教學資源
	小明：那我以後不看皮卡丘了！ 老師：不是！刺激的影片，就是 會讓你感到生殖器官突然 熱熱的，感覺會脹起來的 東西。 小明：老師那我要不要看醫生？ 老師：不用，男生夢遺是正常的 現象，不用緊張，只要注 意清洗乾淨，沒關係的。 小明：我知道了，謝謝老師！老 師，我還有一個問題： 有一次我和班上的大雄一 起看很刺激的影片，他突 然說：受不了了，要去廁 所，然後就去好久，久到 我都要睡著了。我後來問 他，他只說勃起，又說長 大就會知道。什麼是勃 起？為什麼要去廁所？ 老師：當男生看到刺激的影片或 做了刺激陰莖的行為，陰 莖就會充血，這就叫作勃 起。如果男生自己用方法 讓精子從陰莖射出，叫作 射精，而自己一個人做性 行為，稱為自慰。 小明：那為什麼大雄要去廁所 呢？ 老師：去廁所是正確的。因為自 慰的行為是不適合讓別人 看到的，他是要在隱私的 地方進行。 小明，你說說看哪裡是隱 密的地方？ 小明：像房間，還有廁所。 老師：對了！因為我們的雙手常			

（續）

行為目標	教學活動	教學時間	評量方式	教學資源
	有許多細菌，因此自慰前需將手洗乾淨，之後也要注意清潔。			
	小明：老師，那自慰是很丟人的事，而且會生病的嗎？			
	老師：不是！但為了保護自己和別人，要特別注意隱私，比洗澡和上廁所還不可以給別人看。而且如果突然感受到自己有勃起時，應該不要再看刺激的片子，關掉或是走開，注意穿著棉質不要太緊的內褲。平常要有運動的好習慣，打球讓自己體力發洩也是好方法。盡量不要一直想著這件事也可以減少一些。			
	小明：我知道了，謝謝老師！			
	二、發展活動	10分	問答	
	(一) 情境故事相關提問			
1-5-1	1. 小明早上遲到的原因是什麼？			
1-5-2	2. 若是遇到困難或害怕的事怎麼辦？			
	答：請教人。			
	3. 可以說明夢遺是什麼嗎？			
	4. 可以說明勃起是什麼嗎？			
	5. 如果你發生了勃起可以怎麼做？			
1-4-1	(二) 使用簡報教導學生男性生殖器官與夢遺等知識。	15分	觀察	簡報檔
1-4-2				
	三、綜合活動			
1-5-1	(一) 請同學討論有關夢遺與射精的正確知識。	10分	問答	
1-5-2				
	(二) 使用學習單評量學生習得之效果。	5分	紙筆	學習單
	◎在此建議老師依學生的程度複習生殖器官，生殖器官的教材請見光碟簡報檔。			

單元 **3**　安全的性行為（1-6～1-8）

單元名稱：安全的性行為	教學時間：50 分鐘
教學目標： 1-6　生殖器官的感染症狀及護理。 1-7　了解常見的性病與症狀。 1-8　了解性病的預防與正確的醫療。	行為目標： 1-6-1　能根據圖示說出生殖器官感染之症狀。 1-6-2　能說出生殖器官感染後之護理。 1-7-1　能根據圖示或情境故事說出性病的特徵。 1-7-2　能根據圖示或情境故事說出可能感染性病的途徑，及可能引起的後果。 1-8-1　能根據圖示或情境故事說出性病的預防方式與正確醫療。

行為目標	教學活動	教學時間	評量方式	教學資源
	一、準備活動 **(一) 引起動機** 準備一個透明杯中放水，將有色顏料滴進水中，讓學生看顏料在水中擴散情形。 問：看到什麼？ 教師拉到主題： 有許多眼睛看不到的細菌和病毒，會因為接觸而傳染了，像顏料一樣滴入水中就擴散了。	5 分	問答	透明水杯 1 個、水、顏料
1-6-1	**(二) 播放影片** 1. 情境故事簡述（事件描述）： 　　秀秀上完廁所，似乎很煩惱、不高興，遇到小莉，小莉問她怎麼了。秀秀說她只要上廁所尿尿都很痛，而且有時尿不出來。小莉便陪秀秀去看醫生，檢查出秀秀感染了淋病，是一種性傳染病。 2. 情境故事劇本： 　　（秀秀從廁所走出來遇到小莉。）	5 分	觀察	影片 1-6~1-8

（續）

行為目標	教學活動	教學時間	評量方式	教學資源
1-6-2	小莉：秀秀，你怎麼很難過的樣子，怎麼了？ 秀秀：我不舒服，最近常常覺得很想尿尿，但一上廁所都有尿不出來、尿不乾淨的感覺，而且好痛，我是不是生病了？ 小莉：有問題就要看醫生呀！記得帶健保卡，我們先掛泌尿科，讓醫生檢查、治療，不要怕，我陪你去。 （於是兩人便去看醫生，醫生檢查結果，秀秀得了淋病。） 秀秀：淋病？那是什麼？護士！你告訴我，為什麼會得到淋病？ 護士：淋病是一種性傳染病，和梅毒、性病疣滴蟲、愛滋病疾病相同，都是經由性行為及其他方式傳染的。 小莉：秀秀，是不是你的男朋友小浩傳染給你的。 秀秀：我不知道，因為我早和小浩分手了，我現在的男朋友是偉仔。 小莉：你實在有太多男朋友了！護士，你說是性傳染病，那還會有什麼不舒服的地方呢？ 護士：性傳染病中有不同的症狀，但不管男生或是女生，如果有尿道或生殖器的地方有長東西、化膿、分泌物臭味、上廁所會痛，都要看醫生。			

（續）

行為目標	教學活動	教學時間	評量方式	教學資源
	秀秀：上次文文說他尿尿地方長膿，但擦擦藥就好了。			
	護士：不可以的，如果有不舒服不敢給醫生看，隨便買藥擦，不但會更嚴重，還會傳染給其他的人。			
	秀秀：嚴重的話會怎樣？			
	護士：那要看病毒、細菌的不同。有些會造成尿道炎、子宮頸癌、陰莖潰爛，還有些會造成生命危險，像梅毒、愛滋病，就有可能引發全身疾病。			
1-8-1	小莉：那要怎麼預防性傳染病呢？			
	護士：(1)安全可靠的性伴侶； (2)注重個人衛生習慣； (3)全程正確使用保險套； (4)不和別人共用牙刷、刮鬍刀、針筒及耳環等物品，可避免經由血液傳染疾病。			
	秀秀：那我現在被感染生病了，該注意什麼？			
	護士：懷疑自己受感染一定要趕快就醫，並照醫生交代打針服藥、擦藥。千萬不可自己買藥亂塗。還有自己的內褲與家人的衣服須分開洗，多喝水、注意均衡、有正常飲食及生活，來增加抵抗力，最好叫性伴侶一起來治療，且要接受定期檢查。			

（續）

行為目標	教學活動	教學時間	評量方式	教學資源
	秀秀：我明白了，我以後一定不要隨便和別人發生性關係，而且養成帶保險套的習慣。			
	小莉：秀秀，那要按時服藥、擦藥，才會趕快好起來。			
	秀秀：好！謝謝護士。			
	二、發展活動	10 分	問答	
	(一) 情境故事相關提問			
	1. 秀秀身上發生了什麼事？ 答：上廁所會痛、生病了，得了淋病。			
	2. 為什麼會感染性傳染病？ 答：(1)沒有安全的性行為。 (2)性伴侶太多，沒有固定。			
	3. 感染了性疾病該怎麼處理？ 答：(1)告訴爸、媽、朋友，向他們求助。 (2)到醫院看醫生。 (3)要性伴侶也一起檢查。			
1-7-2 1-7-1	(二) 使用簡報教導學生生殖器官感染與安全性行為等知識。	15 分	觀察	簡報檔
	三、綜合活動			
	(一) 討論有關性傳染病與安全性行為的正確知識。	10 分	問答	
	(二) 使用學習單評量學生習得之效果。	5 分	紙筆	學習單

單元 **4** 求助方式與資源（1-9）

單元名稱：求助方式與資源	教學時間：50 分鐘

教學目標： 1-9 了解與性有關的協助機構與資源。	行為目標： 1-9-1 能知道如何使用衛生所。 1-9-2 能尋求協助（遇性侵時）。 1-9-3 能建立性相關的求助知識。

行為目標	教學活動	教學時間	評量方式	教學資源
	一、準備活動 (一) 引起動機 老師準備一份近期的報紙或雜誌內容與性相關之事件（如：懷孕、性侵害等事件），訴說給同學聽。 (二) 播放影片 1.情境故事簡述（事件描述）： 　康康最近對自己的身體感到非常好奇，以前在學校時老師有教了些性教育課程，但那時並不清楚，現在畢業了，不曉得該問誰。在一次聚會中與同事小玉討論，小玉告訴康康尋求協助的方法。 2.情境故事劇本： 　康康：你昨天請假，不舒服嗎？ 　小玉：不是，是帶剛生下的孩子去打預防針。 　康康：打針？那是去醫院囉！ 　小玉：沒有，我去衛生所。 　康康：衛生所，那是哪裡呀？ 　小玉：各市政府都有衛生局，是管理我們預防疾病及教導大家衛生、健康的地方。 　康康：喔，那它在哪裡？ 　小玉：因為要讓大家更快能獲得服務，每個區及鄉鎮中都有，不用去很遠的地方，	5 分 5 分	觀察	雜誌 報紙 圖片 影片 1-9
1-9-1				

（續）

行為目標	教學活動	教學時間	評量方式	教學資源
	就在自己家附近。			
	康康：那我住台北市士林區也有嗎？			
	小玉：當然有，就叫作士林衛生所。			
	康康：我有些問題不知找誰問，可以打電話去衛生所嗎？			
	小玉：可以呀！衛生所主要可協助與避孕、保險套使用、懷孕、健康檢查、居家追蹤、傳染病、打預防針等事。			
	康康：那如果和法律有關的問題也可以問他們嗎？			
	小玉：法律！是發生了什麼事？			
	康康：我有個朋友發生了一件很難過的事，但叫我不可以告訴別人，可是我想幫他。			
	小玉：有困難的事要告訴可以信任的人，才能夠獲得幫忙。能告訴我嗎？			
	康康：有一個晚上，她下班要回家，在巷子口被一個男生把她拉到一個建築工地，她被性侵害了。壞人還告訴她知道我朋友住哪裡，如果告訴別人，會去找她算帳。			
	小玉：你的朋友沒有報警嗎？然後呢？			
	康康：她不敢報警，回家大哭了一場，還一直想洗澡，把自己洗乾淨一點。			
	小玉：這樣永遠捉不到壞人的，而那個壞人還會繼續傷害			

（續）

行為目標	教學活動	教學時間	評量方式	教學資源
1-9-2	別人。 康康：那該怎麼做？ 小玉：如果不幸被性侵害，一定要大叫，如果真沒人來救你，要盡量記住壞人的特徵，例如他有沒有痣及比較不一樣的地方。最好將壞人留下的衛生紙或任何東西留下當證據，之後馬上去最近的警察局報案，去醫院驗傷，在醫生、警察都還沒蒐集好證據前，先別洗澡，避免把證據洗掉。 記住，自己很難去警察局時，隨便找一間最近的人家求救，請他們協助打電話給自己可信任的人及警察。 康康：好的，我明白了，謝謝。 二、發展活動 (一) 情境故事相關提問 1. 小玉在哪裡遇到康康？ 2. 如果想知道和身體健康、衛生有關的事情可以去哪裡詢問？ 3. 你家附近的衛生所在哪裡？ 4. 遇到性侵害應該要怎麼做？ 5. 你如果是康康，要怎麼幫助被性侵害的朋友？ (二) 使用簡報教導學生如何尋求資源等知識。			
		10 分	問答	
		15 分	觀察	簡報檔
1-9-3	三、綜合活動 (一) 討論有關衛生所等地可提供之協助與如何求救。 (二) 使用學習單評量學生習得之效果。	10 分 5 分	問答 紙筆	 學習單

二 單元設計架構圖

單元 1

女性性生理衛生保健（50分鐘）

1-1 認識女性生殖器官的構造功能。
1-2 能了解月經症狀。
1-3 能使用衛生棉墊。

單元 2

男性性生理衛生保健（50分鐘）

1-4 認識男性生殖器官的構造功能。
1-5 了解夢遺與自慰的衛生清潔。

第 1 章
性生理的發展
與保健

單元 3

安全的性行為（50分鐘）

1-6 生殖器官的感染症狀及護理。
1-7 了解常見的性病與症狀。
1-8 了解性病的預防與正確的醫療。

單元 4

求助方式與資源（50分鐘）

1-9 了解與性有關的協助機構與資源。

三 教學目標

單元 **1** 女性性生理衛生保健

1-1 認識女性生殖器官的構造功能。

　　1-1-1　能根據圖示說出生殖器官的構造。

1-2 能了解月經症狀。

　　1-2-1　能根據圖示或情境故事說出月經的特徵。

　　1-2-2　能依據圖示說出處理月經症狀的方法。

1-3 能使用衛生棉墊。

　　1-3-1　能根據圖示使用衛生棉墊。

　　1-3-2　能根據圖示處理使用後之衛生棉。

單元 **2** 男性性生理衛生保健

1-4 認識男性生殖器官的構造功能。

　　1-4-1　能說出男性生殖器官的構造功能。

　　1-4-2　能說出男性外生殖器清潔方式。

1-5 了解夢遺與自慰的衛生清潔。

　　1-5-1　能根據情境故事說出夢遺與自慰。

　　1-5-2　能具體說出夢遺與自慰應注意的事項。

單元 **3** 安全的性行為

1-6 生殖器官的感染症狀及護理。

　　1-6-1　能根據圖示說出生殖器官感染之症狀。

　　1-6-2　能說出生殖器官感染後之護理。

1-7 了解常見的性病與症狀。

1-7-1 能根據圖示或情境故事說出性病的特徵。

1-7-2 能根據圖示或情境故事說出可能感染性病的途徑，及可能引起的後果。

1-8 了解性病的預防與正確的醫療。

1-8-1 能根據圖示或情境故事說出性病的預防方式與正確醫療。

單元 4 求助方式與資源

1-9 了解與性有關的協助機構與資源。

1-9-1 能知道如何使用衛生所。

1-9-2 能尋求協助（遇性侵時）。

1-9-3 能建立性相關的求助知識。

四 教材設計說明

單元 1 女性性生理衛生保健（1-1～1-3）

第一單元分為三個部分，分別為生殖器官、月經的介紹與能使用衛生棉墊，教導學生能了解月經的來到代表已成為一位能受孕的女性。經由學習對月經的認識、衛生棉墊使用、處理月經所帶來的不舒服，認識自己生理的成長。

高中（職）學生在國中或其他課程中皆有接受生殖器官教導之課程。在此重新複習加深印象，教師教導時應將重點擺在月經處理。

單元 2 男性性生理衛生保健（1-4～1-5）

在複習男性生殖器官中，教導學生正確清潔外生殖器官，其中說明夢遺是男性身體自然的反應，身體於成長後開始有勃起體驗而後會有自慰行為產生。讓學生了解這些生理反應是正常，但需教導學生如果處理不當時

會產生問題。

　　高中（職）學生在國中或其他課程中皆有接受生殖器官教導之課程，教師教導時可將重點擺在夢遺與自慰之正確處理方式。

單元 **3**　安全的性行為（1-6～1-8）

　　生殖器官的清潔是生活教育中很重要的一環，需現場演練效果較佳，建議老師依學生的程度給予不同演練（可以用洋娃娃取代練習，再實務評量學生的學習是否落實）。性病及愛滋病屬於較抽象知識，強調危險性行為是會罹患不易治療的疾病。本單元適合程度稍好的學生學習，教導學生不能有複雜或隨便的性行為。

單元 **4**　求助方式與資源（1-9）

　　教導學生能尋求資源向周圍人員及單位求助，學生能力若需明確協助者，住家附近的衛生所是最好的協尋單位，若能上網的學生可多利用各單位資訊。本單元也提供教師尋求教材的網站，教師能多利用現有資源協助學生充實教學。

五　教學建議

1. 本單元設計以重度智能障礙學生為主要對象（學習單與評量只設計一種），在國小與國中之課程中，學生大多在身體與生理上有其課程學習，因此輕度智能障礙與中度智能障礙學生可利用此教材複習或澄清觀念。

2. 因男性生理與保健上有教導與夢遺、射精有關之內容。教師必須提醒學生男女身體大不同，必須相互尊重，不可以拿同學身體開玩笑。也須留意學生在學習後是否產生好奇，而在有機會時探索同學的身體。

3. 男女身體課程建議學生可男女合班或分開上，但若是學生程度為似懂非

懂的情況，教師可先分開上，以此先明白學生有無因好奇或模仿而在課後有不當行為反應。

4. 教材中有玩偶說故事，因故事情境較複雜，重度智能障礙孩子難以有良好語言吸收之慮，建議可在第一次看過影片時吸引學生興趣，教師講解後再看一次，以利學習。

5. 資源運用單元在於讓學生了解解決問題方式有很多，輕中度學生也許能使用網路；重度學生須知道有許多人是可協助的，但要有求救的概念。

六 參考資源

1. 高雄啟智學校性教育教材。
2. 杏林文教基金會性教育教材。
3. 台北市立啟智學校性教育教材。
4. 國立編譯館國中健康教育課本。

七 教學簡報

單元 1 女性性生理衛生保健（1-1～1-3）

編號	簡報	編號	簡報
1	第一章 性生理的發展與保健 第一單元 女性性生理衛生保健(1-1～1-3號)	2	女生生理發育 ■月經到來 ■乳房豐滿 ■長腋毛及陰毛

編號	簡報	編號	簡報
3	 女性生殖器官	4	 外生殖器官　　內生殖器官
5	肚子內有這麼多器官喔！ 	6	保持生殖器官清潔(1) ■ 上完廁所後用衛生紙由前往後擦 ■ 大便後「由前往後」擦拭，不可上下擦拭尿尿的地方(細菌會跑進去) ■ 注意天都要清洗外生殖器官
7	保持生殖器官清潔(2) 內褲的重要 ■ 天天更換內褲 ■ 不和別人共穿內褲 ■ 穿棉質的內褲 ■ 不穿太緊的內褲	8	月經是什麼？
9	月經是自然生理現象(1) ■ 每個月有一個卵子會從卵巢排出 	10	月經是自然生理現象(2) ■ 在子宮內長出許多子宮內膜 ■ 卵子從卵巢排出沒有遇到精子

編號	簡報	編號	簡報
11	月經是自然生理現象(3) ■ 子宮內膜剝落 ■ 經血由陰道流出 ■ 月經來了 卵子沒有受精和子宮內膜 一起排出形成月經	12	月經因人而異(1) ■ 有人月經每月都很固定 ■ 有人初經只來一點點 ■ 月經週期有時長、有時短 ■ 有人高中才來月經；有人小學就來了
13	月經因人而異(2) ■ 月經來時一點感覺都沒有 ■ 月經來時肚子會覺得漲漲的 ■ 月經來時有人會感覺有點不開心； ■ 有人心情會變得特別好 你是哪一種人呢?	14	月經的好朋友 衛生棉的使用
15	選用合適的衛生棉 依自己的經量購買衛生棉	16	衛生棉的使用方法(1) 打開外包裝，並撕下背膠。
17	衛生棉的使用方法 (2) 將膠帶部分粘在內褲或生理褲褲底內部 注意吸收海綿面朝上	18	衛生棉的使用方法 (3) 將已使用過的衛生棉，由內褲撕下， 有血的那一面向內捲起。

編號	簡報	編號	簡報
19	**衛生棉的使用方法(4)** 將捲起的衛生棉放入包裝袋中， 才可以丟到垃圾桶喔！	20	**月經來時該注意什麼(1)** ＊均衡飲食，少吃刺激性食物． ＊少吃冰冷食物，喝些溫開水． ＊適當運動，減少劇烈運動． ＊熱敷小腹． ＊充足睡眠．
21	**月經來時該注意什麼(2)** 注意身體清潔 用淋浴，不要泡澡，避免細菌感染	22	**月經來時該注意什麼(3)** ▪ 經常更換乾淨的衛生棉， 　至少每兩小時更換一次． ▪ 每次記錄自己月經時期的情況．
23	喜悅　成長 關心自己 　愛護自己 　　保護自己		

單元 2 男性性生理衛生保健（1-4～1-5）

編號	簡報	編號	簡報
1	第一章 性生理的發展與保健 第二單元 男性性生理衛生保健(1-4~1-5#)	2	認識男性的生殖器官 男生的性器官 陰莖　輸精管 包皮　尿道 陰囊　睪丸
3	認識男性的生殖器官 男生的射精及尿尿過程	4	包皮清潔法 包皮有許多的皺折， 很容易藏細菌喔！
5	包皮清潔法 用清水及手指， 將龜頭與包皮的地方， 輕輕以環形的方式， 將包皮垢清洗乾淨。	6	包皮清潔法 再將包皮推回原狀， 這樣就大功告成囉！ 你會了嗎？ 要愛護自己的身體喔！
7	什麼是勃起？	8	陰莖勃起 • 陰莖內的海棉體，在受到刺激後會產生充血的反應，此即勃起現象。 • 勃起是青春期男生很容易出現的生理現象。

編號	簡報	編號	簡報
9	男人的初體驗～勃起	10	造成勃起的原因 • 俯臥睡姿。 • 穿太緊的褲子。 • 觸摸、摩擦陰莖。 • 有性的幻想、感覺或做夢。
11	男人的初體驗～射精 陰莖勃起不一定代表色情	12	什麼是夢遺（也叫遺精）？
13	情境~男生~夢遺　我尿床了嗎？	14	夢遺 • 別擔心！夢遺是正常現象！ • 起床時內褲濕濕黏黏的！
15	夢遺 • 男性進入青春期，睪丸、精囊與攝護腺會開始製造精液！ • 而大部分會由身體吸收，少部分則從尿道排出。 • 青春期男性，會在睡夢中發生精液從尿道排出的現象，所以將此現象稱為「夢遺」。	16	造成夢遺的因素 • 睡前喝太多飲料 • 穿過緊的褲子

編號	簡報	編號	簡報
17	**什麼是自慰(或稱手淫)?** ・撫弄外生殖器的行為叫作自慰(又稱手淫) ・自慰並非疾病，但不可太常做會影響生活	18	**避免過度自慰** ・經常打球、做運動，讓身體體液汁體能發洩。 ・有朋友聊天，跟大家一起進行的休閒活動(如：郊遊)
19	**愛護自己 尊重別人** ・性器官是我們身體上非常隱密的部分，通常我們把它遮蓋起來，在公共場所也很少談論它們。	20	**自慰對人體有傷害嗎?** ・自慰是不會傷身體的，不必太過緊張，只是須注意衛生。
21	**自慰須注意** 洗手及衛生 在隱密的地方(房間、廁所)	22	・不能在別人面前或是公共場所自慰，那是不禮貌的，而且也是違法的。
23	**注意隱私　保護自己 尊重別人**		

單元 **3** 安全的性行為（1-6～1-8）

編號	簡報	編號	簡報
1	第一章 性生理的發展與保健 第三單元 安全的性行為（1-6～1-8#）	2	「隱私」 「積極照護」
3	生殖器官疾病聯想	4	生殖器官疾病 ≠ 性病 ♀ 骨盆腔炎、 子宮內膜異位、 子宮肌瘤、 卵巢囊腫、 陰道炎… 攝護腺炎、 攝護腺肥大、 睪丸癌、 精囊炎、 包皮炎… ♂
5	骨盆腔炎 　對象：女性 　原因：病菌自子宮頸進入， 　　　　造成子宮、輸卵管、卵巢、腹膜 　　　　等部位發炎。 　症狀：下腹部疼痛、陰道分泌物增加、 　　　　腰痠等。 　嚴重影響：子宮外孕、不孕。 　預防：固定性伴侶、定期做婦科檢查	6	陰道炎 　對象：女性 　症狀：陰道分泌物增加 　　　　有搔癢、灼熱感 　　　　小便異常、性交痛 　預防： 　1.保持陰部的乾燥，盡量避免常使用衛生棉墊。 　2.換洗內褲盡量日曬，並穿著透氣的衣褲。 　3.如廁完後由前面往後擦拭，避免把肛門的細菌帶到陰道。 　4.安全的性行為，請伴侶帶保險套，避免陰道炎的傳染。
7	攝護腺炎 　對象：男性、性生活頻繁 　原因：尿道感染。 　症狀：發冷發熱、小便困難， 　　　　疼痛、頻尿、骨盆不適。 　影響：慢性發炎的不適感影響性能力。	8	攝護腺炎的預防 　維持良好生活習慣 　注意飲食方式 　定期身體檢查

編號	簡報	編號	簡報
9	包皮炎 對象：男性 原因：未徹底清潔，包皮過長，長期藏汙納垢即易發炎。 症狀：包皮、龜頭的紅疹、水腫居多。 預防：養成良好衛生習慣。	10	正確認識性病 有效預防性病
11	性行為前停、看、聽 性病認識 你知道性行為會傳染疾病的嗎？ 例如淋病、菜花、愛滋病…等，外表看不出，但可以因為性行為傳染給人	12	性病主要是指由性接觸、性交而得到的性傳染病： 一、性伴侶多者易罹患。 二、性病不是遺傳病，可能會經由胎盤、臍帶、產道感染胎兒或新生兒。 三、一個人可能同時感染兩種以上的性病。 四、正常的社交活動如握手，不會感染性病。
13	性病大公開 梅毒 淋病 疱疹 非淋病菌性尿道炎	14	了解性病 性事不隨意
15	淋病（一） 一、病原體：淋病雙球菌 二、傳染途徑： 1.性行為（佔多數） 2.接觸患者感染過的衣物 3.毛巾、衛浴設備	16	淋病（二） 三、主要症狀 1.男性尿道、女性陰道內 2.出現發炎、流膿的現象 四、影響 1.患者可能不孕 2.母親感染淋病，可能造成新生兒眼炎，導致失明

編號	簡報	編號	簡報
17	**梅毒** 傳染途徑：1.性行為 　　　　　2.血液接觸感染 主要症狀 　1.無痛性潰瘍－硬性下疳 　2.皮膚出現小紅疹 　3.紅疹消失影響神經系統，甚至造成心臟病 影響 　1.患者可能不孕 　2.母親感染梅毒，可能生下先天性梅毒兒	18	**非淋菌性尿道炎（一）** 一、病原體：非「淋病雙球菌」所引起 　　　　　　的尿道發炎 二、傳染途徑：性行為
19	**非淋菌性尿道炎（二）** 三、主要症狀：泌尿生殖器官上會出現異常 四、影響：1.不孕 　　　　　2.懷孕者易流產、早產、死胎 　　　　　3.小便會有灼痛感 　　　　　4.男性陰莖會有刺痛感	20	**疱疹（一）** 一、病原體：單純疱疹病毒 　　　　　　第一型：感染口唇 　　　　　　第二型：感染生殖器官 二、傳染途徑： 　　第一型由唾液、食物傳染 　　第二型由性行為傳染
21	**疱疹（二）** 三、主要症狀：發生單一或群集小水泡， 　　　　　　　會癢痛 四、影響： 　腦炎、腦膜炎， 　或侵犯角膜引起角膜炎 　無法根治、終生帶菌	22	**愛滋病**
23	**愛滋病（後天免疫缺乏症候群）** 一、病原體：HIV病毒 二、傳染途徑：1.性行為 2.血液接觸感染 三、主要症狀： 　　感染初期未發病前無法由外觀了解， 　　待免疫力被破壞後， 　　可能出現體重減輕、疲倦等現象 四、影響： 　1.發病後容易造成免疫力感染疾病 　2.孕婦感染可能生下愛滋寶寶	24	**性病有效的預防方法** • 不隨便發生性關係 • 性伴侶要固定 • 要全程使用保險套

編號	簡報	編號	簡報
25	保險套 的正確使用法	26	保險套使用要領： **全程使用保險套** 防病避孕樣樣通
27	**拿手絕套七式** 看　撕　擠　扭 套　取　丟	28	懷疑被傳染性病該怎麼辦？ ・找家人商量 ・找合格的醫生看病 ・　不可以　隨便買藥擦 ・　　　　　聽信偏方
29	性病的治療 ・聽醫生的交代按時塗藥 ・不隨便發生性行為 ・維持生殖器官的清潔	30	安全性生活性病遠離你 ・注意有無保險套 ・不可常換性伴侶 ・不可和不認識的人發生性行為 ・有問題找人商量或找醫生

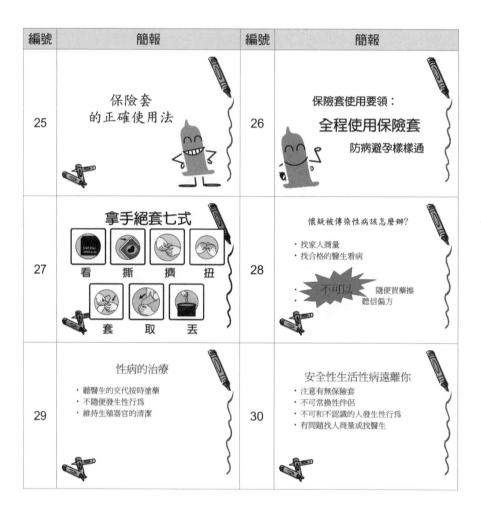

單元 ④ 求助方式與資源（1-9）

編號	簡報	編號	簡報
1	第一章 性生理的發展與保健 第四單元 求助方式與資源（1-9#）	2	兩性之間 戀愛？ 婚前性行為？ 約會？ 交友？ 交友？ 約會？ 婚前性行為？ 戀愛？
3	衛生所 ‣ 提供避孕知識 ‣ 預防疾病 ‣ 簡易身體健康檢查 ‣ 健康、衛生知識詢問	4	衛生所在哪裡？ ‣ 每一個住家的區域都有一個衛生所 ‣ 問家人 ‣ 問里長 ‣ 問鄰居 ‣ 問區公所（辦戶籍的地方）
5	認識危險的性行為 與危險（不安全）的性對象，發生沒有保護措施的性行為 ＊不清楚對方性生活史 ＊性病患者 ＊一夜情 ＊沒有固定性伴侶的人 ＊沒有全程且正確的使用保險套。	6	危險性行為的後果 得愛滋病 未戴保險套發生性行為，若其中一方患有性病，就可能傳染。 未戴保險套發生性行為，精液可能會進入女性體內，造成懷孕
7	當感覺不對時… 請大聲說「不」	8	如果不小心發生了危險性行為 哪裡可以幫助我？ 你可以向他們求助 ‧ 朋友 ‧ 家人 ‧ 生命線 撥打各地區生命線電話 ‧ 張老師 1.電話直撥1980 2.利用張老師網路諮商

編號	簡報	編號	簡報

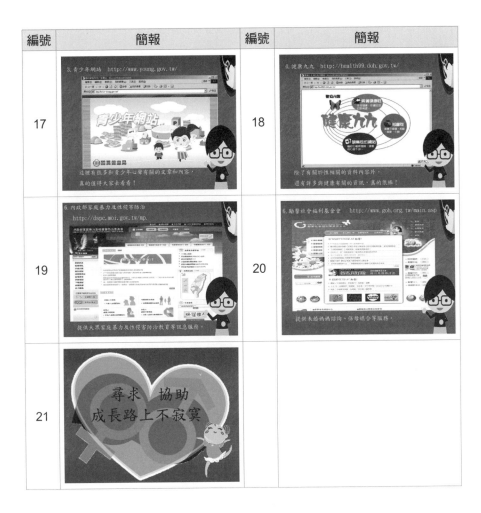

編號	簡報	編號	簡報
17		18	
19		20	
21			

八 學習單

單元 **1** （1-1～1-3）

學習單 B
單元名稱：女性性生理衛生保健

學生姓名： 班級： 年 班

是非題

1. （ ）月經來了是代表女生變成大人了，身體開始會製造卵子，並開始有生孩子的能力了。
2. （ ）月經是正常現象，用平常心面對就可以了，不需要害怕。
3. （ ）男生、女生都會有月經。
4. （ ）月經來時用衛生棉墊在內褲上，避免月經漏出。
5. （ ）如果月經來時非常不舒服，應該去看醫生。
6. （ ）因為洗澡時經血會流下來，所以月經時都不要泡澡。
7. （ ）月經期間要用淋浴方式比較衛生。
8. （ ）女性有子宮、卵巢等生殖器官。
9. （ ）女性月經來了後，代表開始有生孩子的能力。
10. （ ）買衛生棉要花錢，所以用衛生紙就可以了。
11. （ ）用完的衛生棉不可以丟入馬桶內。
12. （ ）每個月月經來時，都要把它記下來。
13. （ ）月經來期間，應該避免吃冰冷的食物。
14. （ ）有月經來時，應多休息、注意營養。
15. （ ）有月經來的事，是件隱私的事，可以和好朋友說，但不適合在公共場合大聲說。
16. （ ）卵巢、輸卵管、子宮、陰道皆為女性的內生殖器。
17. （ ）女性月經現象的來臨是由於卵子未受精後，女性子宮內膜的剝落而造成。
18. （ ）陰脣是用來保護尿道口、陰道口及肛門口的構造。
19. （ ）女生大便後衛生紙需由上往下擦，避免細菌感染。
20. （ ）內褲清洗很麻煩，兩天換一次就好。

單元 **2** （1-4～1-5）

學習單 B

單元名稱：男性性生理衛生保健

學生姓名： 班級： 年 班

是非題

1. （ ）夢遺是男生變成大人了，身體開始會製造精子，並開始有生孩子的能力了。

2. （ ）男生會夢遺是正常現象，用平常心面對就可以了，不需要害怕。

3. （ ）當男生看到刺激的影片，或做了刺激陰莖的行為，陰莖就會充血，叫作「勃起」。

4. （ ）精子從陰莖射出來的現象，我們稱之為「射精」。

5. （ ）夢遺經常發生，為了避免夢遺，每天晚上睡覺前多喝水就不會有夢遺了。

6. （ ）通常夢遺的發生會在早上剛睡醒的時候。

7. （ ）自慰之前要先將雙手洗乾淨，注意清潔，才不會滋生細菌感染而生病。

8. （ ）不論男生或女生，早上起來都一定會夢遺。

9. （ ）穿棉質或寬鬆內褲及不要看太刺激的書或影片，可以降低勃起的情形發生。

10. （ ）平常我們可以多多運動，消耗自己的體力，可以降低勃起的情況發生。

11. （ ）自慰時應該找比較隱密的地方，像廁所或自己的房間，保護自己的隱私。

12. （ ）早上起來發現自己夢遺了，不需要太緊張，可以告訴爸爸或媽媽，並換上乾淨的內褲就好了。

13. （ ）養成良好的健康習慣，平常多運動，不看刺激色情的圖片或影片，成為健康強壯的好青年。

（續）

14.（　）因為看到漂亮的女生，不小心勃起了，應該找個隱蔽的地方，讓自己先冷靜一下，分散自己的注意力，才不會讓別人有不舒服的感覺。

15.（　）夢遺的時候可能會弄髒或弄濕床單及褲子，最好自己更換清洗。

16.（　）男生到了青春期開始有月經。

17.（　）青春期的男生開始長鬍子及陰毛。

18.（　）每天都要清潔外生殖器官，特別是包皮容易有細菌，要特別清洗一下。

19.（　）每天都要更換內褲。

20.（　）青春期後男生女生都變為成人了，不可隨便給別人碰觸自己的身體。

單元 **3** （1-6～1-8）

學習單 B

單元名稱：安全的性行為

學生姓名： 班級： 年 班

是非題

1. （ ）性傳染病是由性行為及血液等方式傳染。
2. （ ）只要在性行為之前有洗澡就很乾淨，不會被傳染性病。
3. （ ）如果尿尿的地方有化膿、臭臭的分泌物且尿尿會痛，就要懷疑感染到性傳染病。
4. （ ）感染性傳染病只要買藥擦，不用看醫生就會好。
5. （ ）最好的預防性病方式為避免性行為及戴保險套。
6. （ ）一般生活接觸如：握手、吃飯、工作也會傳染到性病。
7. （ ）性傳染病只有一種，得過後以後都不會被感染。
8. （ ）如果固定的性伴侶（男朋友／女朋友）有發現性傳染病，自己也要趕快到醫院檢查。
9. （ ）借用別人的牙刷、刮鬍刀等物品有可能從血液中被傳染到性疾病。
10. （ ）尿尿和生殖器給醫生看會害羞，所以懷疑自己有性傳染病也不能看醫生。
11. （ ）愛滋病會因為一起講話而傳染。
12. （ ）若有陰道發炎的現象要多休息、多喝水。
13. （ ）女生也會得到攝護腺炎。
14. （ ）若尿尿的地方及陰道有不好的分泌物及不好的味道，要去看醫生。
15. （ ）男生會因為包皮沒清洗乾淨而發炎，尿尿時會痛。
16. （ ）每一次上完廁所都要洗手。
17. （ ）每天要換內褲。
18. （ ）和喜歡的人在一起發生性行為不會有感染性病的機會。
19. （ ）因為別人喜歡我，所以有很多位性伴侶也是安全性行為。
20. （ ）愛自己的最好方法就是不隨便和人發生性行為。

單元 **4** （1-9）

學習單 B

單元名稱：求助方式與資源

學生姓名：　　　　　　　　　　　　班級：　　年　　班

是非題

1.（　）每個鄉鎮區都有衛生所或衛生局可以詢問。

2.（　）若有和健康避孕傳染病及懷孕有關的事，可以尋求衛生所協助。

3.（　）不安全的性行為會容易得性病和懷孕。

4.（　）沒有戴保險套就是不安全的性行為。

5.（　）有很多人會幫忙我，所以遇到困難要告訴家人及老師。

6.（　）遇到想要脫我衣服對我性侵的人要大聲說「不」。

7.（　）如果被性侵害了要趕快洗乾淨再去警察局。

8.（　）遇到壞人時要趕快跑到亮一點、人多的地方。

9.（　）遇到性侵害時應該要記住壞人的樣子，可以告訴家人及警察。

10.（　）性侵害我的人要我不可以告訴別人，所以我不能說。

九 評量表

單元 **1** （1-1～1-3）

單元名稱：女性性生理衛生保健

學生姓名：＿＿＿＿＿＿＿　　　班級：＿＿年＿＿班

評量方式：☐紙筆；☐問答；☐觀察；☐指認；☐其他＿＿＿＿＿＿

行為目標	評量日期						%
1-1-1　能根據圖示說出生殖器官的構造							
1-1-1-1　能說（指）出女性生殖器官							
1-1-1-2　能知道月經是女生青春期正常的生理現象							
1-1-1-3　能說出什麼是月經							
1-1-2　器官的代號							
1-1-2-1　能說（指）出處理月經的方式							
1-1-2-2　能說（指、做）出正確使用衛生棉的方法							
1-1-2-3　能說出月經該注意的事情							
1-1-2-4　能自行處理自己的月經							
1-1-2-5　能知道月經時身體清潔的重要							
1-1-2-6　能說出保持外生殖器官該注意的事項							
1-1-2-7　能執行每天洗澡更換內褲的事情							

評量代號說明：
5-獨立完成，4-口語提示可完成，3-示範才能完成，2-部分肢體協助完成，
1-完全依賴協助，0-沒反應或沒學習意願

單元 ❷ （1-4～1-5）

單元名稱：男性性生理衛生保健

學生姓名：＿＿＿＿＿＿＿＿　　　　班級：＿＿年＿＿班

評量方式：□紙筆；□問答；□觀察；□指認；□其他＿＿＿＿＿＿

行為目標	評量日期									%
1-4-2　能說出男性外生殖器清潔方式										
1-4-2-1　能說出如何清理包皮										
1-5-2　能具體說出夢遺與自慰應注意的事項										
1-5-2-1　能說出什麼是夢遺										
1-5-2-2　能知道夢遺是男生青春期正常的生理現象										
1-5-2-3　能說（指）出處理夢遺的方式										
1-5-2-4　能說（指）出什麼是勃起										
1-5-2-5　能說（指）出什麼是射精										
1-5-2-6　能知道陰莖勃起射精是男性青春期的生理現象										
1-5-2-7　能說（指）出適當處理勃起與性衝動的方式										
1-5-2-8　能知道自慰是隱私且該注意進行地點										
1-5-2-9　能說出自慰該注意的事情										
1-5-2-10　能說出轉移自慰行為的方法										

評量代號說明：
5-獨立完成，4-口語提示可完成，3-示範才能完成，2-部分肢體協助完成，
1-完全依賴協助，0-沒反應或沒學習意願

單元 3 （1-6～1-8）

單元名稱：安全的性行為

學生姓名：＿＿＿＿＿＿＿　　班級：＿＿年＿＿班

評量方式：□紙筆；□問答；□觀察；□指認；□其他＿＿＿＿＿

行為目標	評量日期						%
1-6-1　能根據圖示說出生殖器官感染之症狀							
1-6-1-1　能知道如何清潔生殖器官							
1-6-1-2　能說出如何預防生殖器官生病							
1-6-1-3　能說出男性生殖器官疾病							
1-6-1-4　能說出女性生殖器官疾病							
1-6-1-5　能說出至少一種性傳染病的名稱							
1-6-1-6　能說出性傳染病的症狀							
1-8-1　能說出性病的預防方式與正確醫療							
1-8-1-1　能說出生病該就醫							
1-8-1-2　能說出保險套是預防性傳染病的方法							
1-8-1-3　能說（指）出一種以上預防性傳染病的方法							
1-8-1-4　能說出不要有多個性伴侶的原因							

評量代號說明：
5-獨立完成，4-口語提示可完成，3-示範才能完成，2-部分肢體協助完成，
1-完全依賴協助，0-沒反應或沒學習意願

單元 **4** （1-9）

單元名稱：求助方式與資源

學生姓名：＿＿＿＿＿＿＿　　　　班級：＿＿年＿＿班

評量方式：□紙筆；□問答；□觀察；□指認；□其他＿＿＿＿＿

行為目標	評量日期									%
1-9-1　能知道如何使用衛生所										
1-9-1-1　能知道找誰詢問衛生所的地方										
1-9-1-2　能說出衛生所在哪裡										
1-9-1-3　能說出在衛生所可以問什麼問題										
1-9-2　能尋求協助（遇性侵時）										
1-9-2-1　能說出如果遇到壞人該往哪裡逃										
1-9-2-2　能說（指）出警察局的電話 110										
1-9-2-3　能說出若遇到性侵害該找誰協助										
1-9-2-4　能說出若遇到性侵害可以怎麼做										
1-9-2-5　在遇到困難時，能知道找人協助										

評量代號說明：
5-獨立完成，4-口語提示可完成，3-示範才能完成，2-部分肢體協助完成，
1-完全依賴協助，0-沒反應或沒學習意願

CHAPTER

② 自我保護

▍張宇良

 教案

單元 **1** 男女有別——我的隱私處（2-1）

單元名稱： 男女有別——我的隱私處	教學時間：50 分鐘
教學目標： 2-1 分辨身體的隱私處。	行為目標： 2-1-1 能夠說出（指認）圖卡上人物的性別。 2-1-2 能在人形圖卡上用磁鐵標出隱私部位。 2-1-3 能說（指）出隱私處（至少兩個）。 2-1-4 能在學習單上將隱私部位塗上顏色。 2-1-5 能說（指）出自己身體隱私的部位，他人不可任意觸摸。

行為目標	教學活動	教學時間	評量方式	教學資源
2-1-1	一、準備活動 (一) 引起動機 呈現兩性人形圖卡，引導學生說出「男生」、「女生」、「身體」。讓學生說一說二者之間的不同處，並複習身體各部位名稱（含男、女性性器官、第二性徵）。	15 分	觀察 問答	兩性人形圖卡簡報檔

（續）

行為目標	教學活動	教學時間	評量方式	教學資源
2-1-2	二、發展活動 1. 想一想： 利用圖卡的呈現，解說「什麼是隱私處？」「有哪些地方是隱私處？」以建立學生隱私權的概念，知道如何保護自己身體及尊重他人的隱私權。	15 分	操作 問答	兩性圖卡
2-1-3	2. 動一動： 老師請學生將圖卡上的隱私部位貼上磁鐵。	4 分	操作	兩性圖卡
2-1-4	3. 塗一塗： 發給每位學生一人一張兩性的圖片，請學生將人體圖形區分為「不願意被別人碰觸的地方」塗上紅色，「可以被別人碰觸的地方」塗上綠色，「不確定是否可以被碰觸的地方」塗上黃色。	6 分	操作 紙筆	彩色筆 學習單 A、B
	三、綜合活動 (一) 共同討論、個別發表兩性的隱私處及不同在哪裡。	4 分		
2-1-5	(二) 強調個人隱私處不應該被看、被觸摸的理由及重要性。	3 分	問答	
	(三) 養成尊重他人隱私的習慣以獲得兩性關係的和諧。	3 分	觀察	

單元 **2** 誰怕性騷擾？vs.我該怎麼辦？（2-2～2-3）

單元名稱： 誰怕性騷擾？vs.我該怎麼辦？	教學時間：50 分鐘
教學目標： 2-2 認識性騷擾的意義。 2-3 辨別引起性騷擾之高危險的場 　　所與情境。	行為目標： 2-2-1 能說出性騷擾的種類。 2-2-2 能說出性騷擾的行為。 2-2-3 能說出性侵害的行為。 2-2-4 能分辨性騷擾的行為。 2-3-1 能說出容易引起性騷擾的場所。 2-3-2 能說出容易引起性騷擾的情境。 2-3-3 能說出如何避免性騷擾發生的機 　　　會。

行為目標	教學活動	教學時間	評量方式	教學資源
2-2-1	**一、準備活動** **(一) 引起動機** 在前一次的課程裡，我們都學到了自己的隱私處，如胸部、陰部、臀部……等，這些地方都是不能隨便讓別人碰觸的地方。如果有人故意碰觸這些地方，或是雖然沒有碰觸這些地方，但還是會讓你有不舒服或不好的感覺，就是性騷擾。 **(二) 播放情境影片一** 1. 情境故事簡述（事件描述）： 　楊叔叔對小莉很好，常常買玩具給小莉玩，也時常到小莉家裡作客。有一天小莉坐在沙發上看電視，媽媽在陽台收衣服，客廳只剩楊叔叔一個人。楊叔叔假借看報紙靠近她，拉下褲子拉鍊，強拉小莉的手伸進褲子內，碰觸生殖器。小莉受到驚嚇掙扎，要	5 分 5 分	問答 觀察	簡報檔 影片 2-2-2 單槍 筆電 喇叭

（續）

行為目標	教學活動	教學時間	評量方式	教學資源
	「楊叔叔」不要這樣，楊叔叔還說：「你這樣，我不跟你玩了。」…… 2.情境故事劇本： 楊叔叔（按門鈴）：叮咚、叮咚。 小莉：是誰啊？ 楊叔叔：小莉，我是楊叔叔啊！ 小莉：（興奮地大喊、並開門）媽媽，楊叔叔來了！ 媽媽：今天怎麼有空來？進來坐吧。 楊叔叔：好一陣子沒來探望你們了，今天剛好經過，想說順便打個招呼。對了，紹欽呢？ 媽媽：他還沒下班，你自己先坐一下，茶几上有報紙。 楊叔叔：那就打擾囉！哇！小莉好久不見，長得越來越漂亮了。 小莉：（害羞地說並坐到沙發上打開電視）叔叔又在取笑人家了！ 旁白：媽媽繼續在陽台收衣服，楊叔叔坐在沙發看報紙，小莉在一旁看電視，突然楊叔叔坐到小莉的旁邊，一邊看報紙，一邊拉下褲子拉鍊，強拉小莉的手伸進褲子內，碰觸生殖器。小莉受到驚嚇掙扎，要「楊叔叔」不要這樣，楊叔叔還說：「你這樣，我不跟你玩了。」小莉覺得很不舒服……			影片 2-2-4

（續）

行為目標	教學活動	教學時間	評量方式	教學資源
	二、發展活動			
	(一) 情境故事相關提問	15 分	觀察	
2-2-2	1. 問：小莉發生了什麼事？		問答	
2-2-4	答：手被拉去摸楊叔叔的生殖器			
	及陰毛。			
	（老師補充：所以小莉是遇到了			
	「性騷擾」。）			
	2. 危險情境分析：			
	問：小莉為什麼會發生這件事？			
2-2-2	答：因為小莉獨自一人跟楊叔叔			
	一起在客廳。			
	3. 減少傷害：			
	問：小莉現在該怎麼辦？（開放			
	回答）			
	答：離開客廳／跑去找媽媽／大			
	叫。			
	4. 此事件發生所造成的後果？（開			
	放回答）			
	問：小莉經過這次事件後，會變			
	成怎麼樣？			
	答：看到楊叔叔會害怕躲起來／			
	不敢獨處／不敢接近家人以			
	外的人。			
	5. 此事件如何補救？（開放回答）			
	答：請學校輔導老師幫忙／與家			
	人討論／與同學、朋友討			
	論。			
	6. 此事件如何預防？（開放回答）			
2-3-3	答：小莉不要一個人跟家人以外			
	的人獨處／與家人以外的人			
	保持適當距離。			
	(二) 依據學生的回答選出前三種方			
	法，請該名回答的學生擔任演			
	出小莉的角色，依照自己提出			
	的方法演一次。			

（續）

行為目標	教學活動	教學時間	評量方式	教學資源
2-3-3	(三) 播放影片，老師運用影片，說明各式案例。 1. 拒絕碰觸及應對： 　(1)報告老師 　(2)趕快離開 　(3)直接表達感受 2. 遇到壞人時該怎麼辦？ 　(1)遇到壞人情境 　(2)藉故離開 　(3)牢記壞人長相 　(4)家長支持 結論：上述事件都是性騷擾的一種。 三、綜合活動	15 分		影片 2-3-3-1 2-3-3-2 2-3-3-3 2-3-3-4 2-3-3-5 2-3-3-6 2-3-3-7
2-3-3	老師詢問學生看完戲劇後的感覺，並再一次說明如果像小莉或小玉一樣遇到這樣的情形，可以像剛剛影片演的一樣，勇敢說不，拒絕不當的身體碰觸；並學會辨別引起性騷擾之高危險的場所與情境。	10 分	觀察 問答	學習單

單元 **3** 做自己身體的主人（2-4）

單元名稱：做自己身體的主人	教學時間：50 分鐘
教學目標： 2-4 拒絕不當的身體碰觸。	行為目標： 2-4-1 能知道在適當時機大聲說出「不」。 2-4-2 能做出拒絕不當的身體碰觸的動作。

行為目標	教學活動	教學時間	評量方式	教學資源
	一、準備活動 (一) 引起動機 【問與答】 在前一次的課程裡，我們都學會了性騷擾的意思。 現在要考考大家還記得嗎？ 1. 性騷擾分幾類？ 　答：三類。 2. 性騷擾的種類有哪三類？ 　答：(1)言語性騷擾；(2)非言語性騷擾／視覺性騷擾；(3)身體接觸（肢體）性騷擾。 3. 哪些行為是屬於「言語性騷擾」？ 　答：(1)講黃色笑話；(2)評論身材；(3)吹口哨；(4)強求約會；(5)性別歧視、過分強調性別角色刻板印象或女性特徵。 4. 哪些行為是屬於「非言語性騷擾／視覺性騷擾」？ 　答：(1)展示黃色書刊、色情圖片；(2)盯著身體猛看或拋媚眼；(3)猥褻。 5. 哪些行為是屬於「身體接觸（肢體）性騷擾」？ 　答：(1)不受歡迎的碰觸、擁抱或親吻；(2)強暴或未遂強暴。	10 分	觀察 問答	簡報檔

（續）

行為目標	教學活動	教學時間	評量方式	教學資源
	(二) 播放情境影片二 1. 情境故事簡述（事件描述）： 　小美的叔叔對小美很好，常常買玩具給小美玩，也時常到小美家裡作客。有一天媽媽在廚房煮飯，爸爸去上廁所，叔叔便坐到小美的旁邊，用手摸小美的胸部，小美覺得很不舒服…… 2. 情境故事劇本： 　叔叔：（按門鈴）叮咚、叮咚。 　小美：是誰啊？ 　叔叔：是叔叔啊！ 　小美：（興奮地大喊、並開門）爸爸、媽媽，叔叔來了！ 　爸爸：今天怎麼有空來？吃飯了嗎？ 　叔叔：上次買了玩具忘了帶來，今天剛好經過，想說順便拿來送給小美。還沒吃呢！ 　媽媽：（從廚房探頭）我們剛好在準備，就留下來一起用餐吧！ 　叔叔：那就打擾囉！小美，這是叔叔要送你的玩具。 　小美：（高興地說，並坐在一旁開始玩玩具）哇！好棒喔！謝謝叔叔！ 　爸爸：來來來，坐在沙發上聊聊，別客氣啊！ 　叔叔：嗯，好啊！ 　旁白：媽媽繼續在廚房煮飯，爸爸和叔叔在沙發上聊天，小美在一旁玩玩具。	5分	觀察	影片2-2-4 單槍 筆電 喇叭

（續）

行為目標	教學活動	教學時間	評量方式	教學資源
	爸爸：喲！對不起，我的肚子突然有些不舒服，我先去上廁所，電視遙控器在這裡，想看什麼自己轉啊，別客氣！（說完就去洗手間）			
	叔叔：小美，玩具好玩嗎？			
	小美：（點點頭，繼續玩玩具）嗯！好玩。			
	旁白：叔叔坐到小美的旁邊，一邊看著小美，一邊伸出手摸著小美的胸部，小美覺得很不舒服……			
	二、發展活動	12 分	觀察問答	
	(一)情境故事相關提問			
	1. 小美發生了什麼事？ 答：被摸胸部。			
	2. 小美為什麼會發生這件事？ 答：因為獨自一人跟叔叔在一起。			
2-4-1	3. 小美現在該怎麼辦？ 答：（開放回答，但還是要有答案。）			
2-4-2	4. 此事件發生所造成的後果？			
	5. 此事件如何預防或補救？			
	(二) 依據學生的回答選出前三種方法，請該名回答的學生擔任演出小美的角色，依照自己提出的方法演一次。	15 分	觀察	麥克風角色牌
	三、綜合活動			
	老師詢問學生看完戲劇後的感覺，並再一次說明如果像小美一樣遇到這樣的情形，可以像剛剛同學演的或說的一樣，要做自己身體的主人，拒絕不當的身體碰觸。	8 分	觀察問答	學習單A、B

二　單元設計架構圖

單元 1

男女有別──我的隱私處（50分鐘）

2-1　分辨身體的隱私處。

第 2 章 自我保護

單元 2

誰怕性騷擾？vs.我該怎麼辦？
（50分鐘）

2-2　認識性騷擾的意義。

2-3　辨別引起性騷擾之高危險的場所
　　　與情境。

單元 3

做自己身體的主人（50分鐘）

2-4　拒絕不當的身體碰觸。

三 教學目標

單元 **1** 男女有別——我的隱私處

2-1 分辨身體的隱私處。

2-1-1 能夠說出（指認）圖卡上人物的性別。

2-1-2 能在人形圖卡上用磁鐵標出隱私部位。

2-1-3 能說（指）出隱私處（至少兩個）。

2-1-4 能在學習單上將隱私部位塗上顏色。

2-1-5 能說（指）出自己身體隱私的部位，他人不可任意觸摸。

單元 **2** 誰怕性騷擾？vs.我該怎麼辦？

2-2 認識性騷擾的意義。

2-2-1 能說出性騷擾的種類。

2-2-2 能說出性騷擾的行為。

2-2-3 能說出性侵害的行為。

2-2-4 能分辨性騷擾的行為。

2-3 辨別引起性騷擾之高危險的場所與情境。

2-3-1 能說出容易引起性騷擾的場所。

2-3-2 能說出容易引起性騷擾的情境。

2-3-3 能說出如何避免性騷擾發生的機會。

單元 **3** 做自己身體的主人

2-4 拒絕不當的身體碰觸。

2-4-1 能知道在適當時機大聲說出「不」。

2-4-2 能做出拒絕不當的身體碰觸的動作。

四 教材設計說明

本章教材第一單元從喚起學生舊經驗開始，帶入個人隱私處的概念，並讓學生知道男女間隱私處的不同，進而幫助學生建立別人不能碰我的隱私處，我也不應該碰別人的隱私處的概念。

第二單元則透過戲劇欣賞與學生實際演練，讓學生了解性騷擾的行為，並能在類似情境發生時，提早因應並避免自己遭受性騷擾。

第三單元同樣由戲劇欣賞與學生實際演練出發，但重點著重於讓學生學習遇到性騷擾時當下該做的正確反應，以避免自己被傷害，或將傷害降到最低。

五 教學建議

本章重點為「自我保護」，故請同學實際演練遠較老師課堂講授重要，但為避免學生於演練中習得錯誤之態度，建議演練時老師應要求學生嚴肅以對，切莫嬉笑，所有動作都應切實做到。如拒絕說「不」時要大聲，且口氣堅定；逃開時亦應實際跑開，且速度要快，不能笑場，讓學生遇到實際情況時能迅速反應，保護自身安全。

六 參考資源

台北市立文山特殊教育學校 97 學年度性別平等教育話劇「小玉的一天」。

七 教學簡報

單元 **1** 男女有別──我的隱私處（2-1）

編號	簡報	編號	簡報
1	第二章 自我保護 第一單元 男女有別-我的隱私處（2-1）	2	引起動機
3	• 呈現兩性人形圖卡，引導學生說出「男生」、「女生」、「身體」。 • 讓學生說一說二者之間的不同處，並複習身體各部位　名稱（含男、女性性器官、第二性徵）。	4	發展活動
5	想一想： 利用圖卡的呈現，解說「什麼是隱私處？」「有哪些地方是隱私處？」，以建立學生隱私權的概念，知道如何保護自己身體及尊重他人的隱私權。	6	動一動： 老師請學生將圖卡上的隱私部位貼上磁鐵。

編號	簡報	編號	簡報
7	塗一塗： 　發給每位學生一人一張兩性的圖片，請學生將人體圖形區分為「不願意被別人碰觸的地方」塗上紅色、「可以被別人碰觸的地方」塗上綠色、「不確定是否可以被碰觸的地方」塗上黃色。	8	學習單
9	連連看，哪一張是男生？哪一張是女生？ 男生　　　女生	10	塗一塗，將下面兩個人「不可以被別人碰觸的地方」塗上紅色、「可以被別人碰觸的地方」塗上綠色、「不確定是否可以被碰觸的地方」塗上黃色。
11	請寫出下列圖片中身體的部位 1.＿＿　2.＿＿ 3.＿＿　4.＿＿ 5.＿＿　6.＿＿ 7.＿＿　8.＿＿ 9.＿＿　10.＿＿	12	我會回答問題 （　）1.女生的隱私處是哪裡呢？ 　（1）手腳　（2）胸部　（3）眼睛。 （　）2.男生的隱私處是哪裡呢？ 　（1）臀部　（2）鼻子　（3）耳朵。 （　）3.如果有人亂摸我，我要大聲說什麼呢？ 　（1）不可以　（2）沒關係。 （　）4.如果有人亂摸我，我可以告訴誰呢？ 　（1）陌生人　（2）老師。
13	我會選適當的詞，並填進去（　） 不可以　臀部　尊重　碰觸　胸部 1．別人不可以隨便（　）我的身體。 2．男生的隱私處是（　）和生殖器官。 3．自己的身體，要好好（　）與保護。 4．女生的隱私處是（　）、臀部和生殖器官。 5．別人亂摸我的身體，我要大聲說（　）。		

單元 ② 誰怕性騷擾？vs.我該怎麼辦？（2-2～2-3）

編號	簡報	編號	簡報
1	第二章 自我保護 第二單元 誰怕性騷擾？V.S.我該怎麼辦？(2-2~2-3)	2	引起動機
3	在前一次的課程裡，我們都學到了自己的隱私處，如胸部、陰部、臀部……等，這些地方都是不能隨便讓別人碰觸的地方，如果有人故意碰觸這些地方，或是雖然沒有碰觸這些地方，但還是會讓你有不舒服或不好的感覺，就是性騷擾。	4	影片2-2-2#
5	情境故事相關提問 影片2-2-4 #	6	Q：小莉發生了什麼事？ A：手被拉去摸楊叔叔的生殖器及陰毛。
7	Q：小莉為什麼會發生這件事？ A：因為小莉獨自一人跟楊叔叔一起在客廳。	8	Q：小莉現在該怎麼辦？ A：離開客廳／跑去找媽媽／大叫。

編號	簡報	編號	簡報
9	Q：小莉經過這次事件後，會變成怎麼樣？ A：看到楊叔叔會害怕躲起來／不敢獨處／ 不敢接近家人以外的人	10	Q：此事件如何補救？（開放回答） A：請學校輔導老師幫忙／與家人討論／ 與同學、朋友討論。
11	Q：小莉要如何保護自己呢？ A：小莉不要一個人跟家人以外的人獨處 　與家人以外的人保持適當距離	12	角色扮演
13	拒絕碰觸及應對 ❖(1)報告老師#	14	❖(2)趕快離開#
15	❖(3)直接表達感受#	16	遇到壞人時該怎麼辦 ❖(1)趕快跑開#

編號	簡報	編號	簡報
17	❖(2)藉故離開#	18	❖(3)牢記壞人長相#
19	❖(4)家長支持#	20	哪些動作是性騷擾？ 打招呼　摸屁股　在人多的地方摸性器官
21	哪些地方較容易引起性騷擾？ 沒人的地下道　熱鬧的夜市　暗巷	22	遇到性騷擾時我該怎麼辦？ 趕快跑開　大叫　找警察幫忙
23	下列句子你覺得是「性騷擾的定義」請畫「○」， 不是「性騷擾的定義」請畫「×」 （　）1.性方面的笑話、揶揄、嘲弄，就對方生活上或容貌上與性有關的評論或質問、邀約，或性關係之引誘等。 （　）2.色情圖片、照片或影片的出示或寄送。 （　）3.同學說我長得很漂亮，想和我做朋友。 （　）4.色情書刊之閱讀、寄送，或於書信中作性方面的描述。 （　）5.不必要之身體上的接觸、強制猥褻、性暴力行為。	24	如果你遇到了下列的情形，你該怎麼辦？ 請將你的答案寫下來 （　）1.在擁擠的公車上有人乘機摸你，你會怎麼辦？ (1)出聲好丟臉，算了。 (2)默默忍受。 (3)大叫：「色狼，你為何摸我！」

編號	簡報	編號	簡報
25	（ ）2.某老師上課時，常會穿插一些黃色笑話，露骨的說法常使你臉紅，你怎麼辦？ (1)雖然聽得好尷尬，但怕影響自己的成績，只好忍下來。 (2)回家抱著棉被哭。 (3)勇敢向老師說不喜歡，或告訴值得信賴的人，請他協助你。	26	3.回家途中，有個男士突然對著你裸露下體，你怎麼辦？ (1)避眼不見，難為情的走開。 (2)失聲大叫。 (3)保持鎮靜，就近向其他人（如警察）求助，回家告訴家人。

單元 3　做自己身體的主人（2-4）

編號	簡報	編號	簡報
1	第二章 自我保護篇 第三單元 做自己身體的主人 (2-4)	2	引起動機 問與答 性騷擾分幾類？ 三類
3	性騷擾的種類有哪三類？ 1. 言語性騷擾 2. 非言語性騷擾／視覺性騷擾 3. 身體接觸（肢體）性騷擾	4	哪些行為是屬於「言語性騷擾」？ 1. 講黃色笑話 2. 評論身材 3. 吹口哨 4. 強求約會 5. 性別歧視，過分強調性別角色刻板印象或女性特徵

編號	簡報	編號	簡報
5	哪些行為是屬於「非言語性騷擾／視覺性騷擾」？ 1. 展示黃色書刊、色情圖片 2. 盯著身體猛看或拋媚眼 3. 猥褻	6	哪些行為是屬於「身體接觸（肢體）性騷擾」？ 1. 不受歡迎的碰觸、擁抱或親吻 2. 強暴或未遂強暴
7	情境故事	8	情境故事提問
9	1.小美發生了什麼事？ 答：被摸胸部	10	2.小美為什麼會發生這件事？ 答：因為獨自一人跟叔叔在一起。
11	3.小美現在該怎麼辦？	12	4.此事件發生所造成的後果？

編號	簡報	編號	簡報
13	5.此事件如何預防或補救？	14	角色扮演
15	請圈選出不當的身體接觸 摸頭　　摸胸部　　摸屁股	16	請圈選出不當的身體接觸 強吻　　熊抱　　露出性器官
17	如何拒絕不當的身體接觸？ 離開現場　　大聲說「不」　　把人推開	18	一、下面的敘述，你若同意請打○； 不同意請打✕ （　）1. 男生開女生玩笑，這是正常的。 （　）2. 那只是開玩笑，不是性騷擾，別大驚 　　　 小怪。 （　）3. 性騷擾無所不在，根本無法防止。 （　）4. 性騷擾不會造成什麼傷害。
19	（　）5、男生本來就比較神經大條或粗魯些， 　　　 他們不是有意要騷擾女生。 （　）6、被騷擾的人是罪有應得，他們一定做 　　　 了什麼錯事。 （　）7、男孩也會被性騷擾或強暴。 （　）8、性騷擾會影響心理、生理及生活品 　　　 質、教育品質	20	❖ 你可以如何「拒絕不當的身體碰觸」？請寫 出至少3種方法。 ❖ 如果你遇到了讓你覺得不舒服的動作（或性 騷擾），你該怎麼辦？

八 學習單

單元 **1** （2-1）

學習單 A

單元名稱：男女有別──我的隱私處

學生姓名：　　　　　　　　　　　　　班級：　　年　　班

一、請寫出下列圖片中身體的部位

1. _____　　2. _____

3. _____　　4. _____

5. _____　　6. _____

7. _____　　8. _____

9. _____　　10. _____

二、我會回答問題

1.（　）女生的隱私處是哪裡呢？
　　　　(1)手腳　(2)胸部　(3)眼睛。
2.（　）男生的隱私處是哪裡呢？
　　　　(1)臀部　(2)鼻子　(3)耳朵。
3.（　）如果有人亂摸我，我要大聲說什麼呢？
　　　　(1)不可以　(2)沒關係。
4.（　）如果有人亂摸我，我可以告訴誰呢？
　　　　(1)陌生人　(2)老師。

（續）

三、我會選適當的詞，並填入（　　　）中

　　　不可以　　　　臀部　　　　　尊重　　　　碰觸　　　　胸部

----

1. 別人不可以隨便（　　　）我的身體。

2. 男生的隱私處是（　　　）和生殖器官。

3. 自己的身體，要好好（　　　）與保護。

4. 女生的隱私處是（　　　）、臀部和生殖器官。

5. 別人亂摸我的身體，我要大聲說（　　　）。

單元 **1** （2-1）

學習單 B

單元名稱：男女有別──我的隱私處

學生姓名：　　　　　　　　　　　　班級：　　年　　班

一、連連看，哪一張是男生？哪一張是女生？

男生　　　　　　　　　　女生
　　●　　　　　　　　　　●

　　●　　　　　　　　　　●

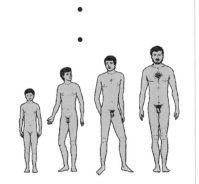

二、塗一塗，將下面兩個人「不可以被別人碰觸的地方」塗上紅色，
　　「可以被別人碰觸的地方」塗上綠色，「不確定是否可以被碰觸
　　的地方」塗上黃色。

單元 **2** （2-2～2-3）

學習單 A

單元名稱：誰怕性騷擾？vs.我該怎麼辦？

學生姓名：　　　　　　　　　　　班級：　　年　　班

一、下列句子你覺得是「性騷擾的定義」請畫「○」，不是「性騷擾
　　的定義」請畫「×」。

1. （　　）性方面的笑話、揶揄、嘲弄，就對方生活上或容貌上與性有關
　　　　　的評論或質問、邀約，或性關係之引誘等。

2. （　　）色情圖片、照片或影片的出示或寄送。

3. （　　）同學說我長得很漂亮，想和我做朋友。

4. （　　）色情書刊之閱讀、寄送，或於書信中作性方面的描述。

5. （　　）不必要之身體上的接觸、強制猥褻、性暴力行為。

二、如果你遇到了下列的情形，你該怎麼辦？請將你的答案寫下來。

1. （　　）在擁擠的公車上有人乘機摸你，你會怎麼辦？
　　　　　(1)出聲好丟臉，算了。
　　　　　(2)默默忍受。
　　　　　(3)大叫：「色狼，你為何摸我！」

2. （　　）某老師上課時，常會穿插一些黃色笑話，露骨的說法常使你臉
　　　　　紅，你怎麼辦？
　　　　　(1)雖然聽得好尷尬，但怕影響自己的成績，只好忍下來。
　　　　　(2)回家抱著棉被哭。
　　　　　(3)勇敢向老師說不喜歡，或告訴值得信賴的人，請他協助你。

3. （　　）回家途中，有個男士突然對著你裸露下體，你怎麼辦？
　　　　　(1)遮眼不見，難為情的走開。
　　　　　(2)失聲大叫。
　　　　　(3)保持鎮靜，就近向其他人（如警察）求助，回家告訴家人。

三、回答問題

請寫出三個遭遇性騷擾時可以求助的對象或單位：

單元 **2** （2-2〜2-3）

學習單 B

單元名稱：誰怕性騷擾？vs.我該怎麼辦？

學生姓名： 　　　　　　　　　　　　班級： 　年　　班

一、哪些動作是性騷擾？（請在文字上畫圈）

　　打招呼　　　　　　　摸屁股　　　　在人多的地方摸性器官

二、哪些地方較容易引起性騷擾？（請在文字上畫圈）

　沒人的地下道　　　　　熱鬧的夜市　　　　　　暗巷

三、遇到性騷擾時我該怎麼辦？（請在文字上畫圈）

　　趕快跑開　　　　　　　大叫　　　　　　找警察幫忙

單元 **3** （2-4）

學習單 A

單元名稱：做自己身體的主人

學生姓名：　　　　　　　　　　　　　　　　班級：　　年　　班

一、下面的敘述，你若同意請打○；不同意請打×

1.（　）男生開女生玩笑，這是正常的。

2.（　）那只是開玩笑，不是性騷擾，別大驚小怪。

3.（　）性騷擾無所不在，根本無法防止。

4.（　）性騷擾不會造成什麼傷害。

5.（　）男生本來就比較神經大條或粗魯些，他們不是有意要騷擾女生。

6.（　）被騷擾的人是罪有應得，他們一定做了什麼錯事。

7.（　）男孩也會被性騷擾或強暴。

8.（　）性騷擾會影響心理、生理及生活品質、教育品質。

二、你可以如何「拒絕不當的身體碰觸」？請寫出至少三種方法。

_____

_____

_____

三、如果你遇到了讓你覺得不舒服的動作（或性騷擾），你該怎麼辦？

_____

_____

_____

_____

單元 **3** （2-4）

學習單B
單元名稱：做自己身體的主人

- -

學生姓名：　　　　　　　　　　　　　班級：　　年　　班

一、請圈選出不當的身體接觸（請在文字上畫圈）

| 摸頭 | 摸胸部 | 摸屁股 |

| 強吻 | 熊抱 | 露出性器官 |

二、如何拒絕不當的身體接觸？（請在文字上畫圈）

| 離開現場 | 大聲說「不」 | 把人推開 |

九 評量表

單元 1 （2-1）

單元名稱：男女有別——我的隱私處

學生姓名：_____　　　　　　班級：____年____班

評量方式：□紙筆；□問答；□觀察；□指認；□其他_____

行為目標	評量日期					%
2-1-1　能夠說出（指認）圖卡上人物的性別						
2-1-2　能在人形圖卡上用磁鐵標出隱私部位						
2-1-3　能說（指）出隱私處（至少兩個）						
2-1-4　能在學習單上將隱私部位塗上顏色						
2-1-5　能說（指）出自己身體隱私的部位，他人不可任意觸摸						
評量代號說明： 5-獨立完成，4-口語提示可完成，3-示範才能完成，2-部分肢體協助完成， 1-完全依賴協助，0-沒反應或沒學習意願						

單元 **2** （2-2～2-3）

單元名稱：誰怕性騷擾？vs.我該怎麼辦？

學生姓名：＿＿＿＿＿＿＿＿　　班級：＿＿年＿＿班

評量方式：□紙筆；□問答；□觀察；□指認；□其他＿＿＿＿＿＿

行為目標	評量日期					%
2-2-1　能說出性騷擾的種類						
2-2-2　能說出性騷擾的行為						
2-2-3　能說出性侵害的行為						
2-2-4　能分辨性騷擾的行為						
2-3-1　能說出容易引起性騷擾的場所						
2-3-2　能說出容易引起性騷擾的情境						
2-3-3　能說出如何避免性騷擾發生的機會						

評量代號說明：
5-獨立完成，4-口語提示可完成，3-示範才能完成，2-部分肢體協助完成，
1-完全依賴協助，0-沒反應或沒學習意願

單元 **3** （2-4）

單元名稱：做自己身體的主人

學生姓名：＿＿＿＿＿＿＿＿＿　　　　班級：＿＿＿年＿＿＿班

評量方式：□紙筆；□問答；□觀察；□指認；□其他＿＿＿＿＿＿＿

行為目標	評量日期					%
2-4-1　能知道在適當時機大聲說出「不」						
2-4-2　能做出拒絕不當的身體碰觸的動作						

評量代號說明：
5-獨立完成，4-口語提示可完成，3-示範才能完成，2-部分肢體協助完成，
1-完全依賴協助，0-沒反應或沒學習意願

異性的交往

▍葉瑞華、陳虹利、陳彥伶、蔡雅芝、劉于潔、李馥君、許超男

一 教案

單元 1 情感面面觀（3-1）

單元名稱：情感面面觀	教學時間：50 分鐘
教學目標： 3-1 能依親疏遠近表現適當的行為。	行為目標： 3-1-1 能夠說（指）出和朋友之間的肢體語言。 3-1-2 能夠說（指）出和不同親密程度的朋友之間肢體語言的差異。

行為目標	教學活動	教學時間	評量方式	教學資源
3-1-1	一、準備活動 (一) 引起動機 1. 帶領學生唱兒歌── 　〈好朋友〉。 【歌詞】 　好朋友我們行個禮 　握握手啊來猜拳 　石頭布看誰贏 　輸了就要跟我走 2. 學生一邊唱，一邊搭配歌詞，引導學生和同學握手及行禮。 3. 老師提出問題，請學生回答。	10 分	問答	電腦 布幕 投影機 簡報檔

（續）

行為目標	教學活動	教學時間	評量方式	教學資源
	【提問】 (1)你在這首歌曲中聽到哪些動作？ (2)在這些動作中，有哪兩個動作是打招呼的動作？ (3)你平時會用這兩個動作和朋友打招呼嗎？ (4)你習慣用什麼方式和朋友打招呼呢？	5分		
3-1-2	二、發展活動 問學生，對待朋友還有哪些肢體語言的方式呢？透過圖卡進行教學（點頭、揮手、握手、勾手、拍肩膀、摸頭、牽手、勾肩膀、擁抱）。	10分		簡報檔 圖卡
	三、綜合活動 (一) 男女大不同 男生、女生各坐一邊，指導男女生朋友適合的肢體動作（點頭、揮手、握手、拍肩膀）。	5分		
	(二) 招呼拼盤 請學生說說看還有哪些打招呼的方式，分成兩組，說出答案並且做出正確肢體語言的即給一分。	5分		
	(三) 我們都是好朋友 老師請一位同學上台擔任主角，任意點選台下同學上台，請主角對此位同學做出適當的肢體語言。 （以上活動請教師挑選教導）	5分		
	(四) 相關提問 1.和普通朋友之間該有什麼適當的肢體語言？ 2.和要好的朋友可以有什麼適當的肢體語言？ 3.和普通朋友適當的身體距離為何？	10分	問答 紙筆	學習單

單元 **1** 情感面面觀（3-2）

單元名稱：情感面面觀	教學時間：50 分鐘
教學目標： 3-2 能辨別自己的情感與情緒。	行為目標： 3-2-1 能說（指）出喜歡異性的行為表現。 3-2-2 能說（指）出討厭異性的行為表現。

行為目標	教學活動	教學時間	評量方式	教學資源
3-2-1	【主題一：喜歡異性的行為表現】 一、準備活動 (一) 引起動機 介紹影片中的主角——小佑及小川。 (二) 播放影片 1. 請老師播放《小川很在意》。 2. 看完影片後，詢問學生與影片相關的問題。 二、發展活動 (一) 想想看 1. 小川一大早在校門口做什麼？ 　答：小川在等小佑。 2. 你覺得小川喜歡的人是誰？ 　答：小川喜歡小佑。 (二) 找找看 1. 從哪些地方可以看出小川喜歡小佑？ 　答： 　(1)小川在校門口等小佑。 　(2)小川想和小佑一起從校門口走到教室。 　(3)小川裝了特別多午餐給小佑。 　(4)小川不敢主動和小佑講話。	5 分 5 分	問答	簡報檔 電腦 布幕 投影機 影片3-2-1 簡報檔

（續）

行為目標	教學活動	教學時間	評量方式	教學資源
	(5)小川不敢讓小佑知道她偷偷打聽小佑。			
	(6)小川被小佑扶了一把，覺得很害羞。			
	(7)小川在教室裡偷看小佑。			
	(8)小川在吃其他女同學的醋。			
	(三) 請老師逐一解釋「喜歡」的行為表現。	5分		
	【內容】			
	1. 說話時，眼睛不敢直視他（她）。			
	2. 看到他（她）會害羞的笑。			
	3. 不小心和他（她）四目相對時會臉紅。			
	4. 看著他（她）的眼睛說話會覺得很緊張。			
	5. 和他（她）說話時可能會結巴。			
	6. 有事沒事想找他（她）聊天。			
	7. 平時會偷偷的看著他（她）。			
	8. 感受到他（她）對自己的一點關懷，就可以開心一整天。			
	9. 有意無意詢問他（她）的生活習慣。例如：喜歡吃什麼？喜歡到什麼地方玩？			
	10. 想透過他（她）的朋友多了解他（她）一些。			
	三、綜合活動			
	(一) 複習「喜歡」的行為表現。			
	(二) 邀請學生進行角色扮演。	15分		
	【規則】			
	1. 請學生思考：「如果你有喜歡的人，你會有哪些舉動呢？」		問答紙筆	學習單A、B
	2. 請學生回答：「如果我有喜歡的人，我會……」			
	3. 請學生演出他所說出的答案。			
	請老師發放學習單。			

（續）

行為目標	教學活動	教學時間	評量方式	教學資源
3-2-2	【主題二：討厭異性的行為表現】 一、準備活動 (一)課前準備 1.介紹影片中的主角——大木及小米。 2.請老師播放《我討厭你》。	5分		電腦 布幕 投影機 影片3-2-2
	二、發展活動 請老師逐一解釋「討厭」的行為表現。 【內容】 1.我看到他（她）會想要逃避。 2.我和他（她）說話時會感到不耐煩。 3.我看他（她）的眼神很不友善。 4.我對他（她）愛理不理。 5.他（她）經過我的身邊，我會視而不見。	5分		講義
	三、綜合活動 (一)請學生丟擲十元硬幣，其中「人像」代表「喜歡」、「數字」代表「討厭」。 (二)請學生表演其擲出的主題，讓大家猜猜看，學生所表演的是「喜歡」或是「討厭」。	10分	問答 紙筆	學習單 A、B 十元硬幣

單元 2 你的心情我了解（3-3～3-4）

單元名稱：你的心情我了解	教學時間：50 分鐘
教學目標： 3-3 能關心辨別對方的感受。 3-4 能主動邀約異性朋友參與活動。	行為目標： 3-3-1 能辨識喜歡的人的情緒感覺。 3-3-2 能了解可能造成喜歡的人某種情緒的原因。 3-3-3 對喜歡的人的情緒，能說出適當的言語。 3-4-1 能運用適當方式邀約異性朋友參與活動。 3-4-2 能夠說出約會之注意事項。

行為目標	教學活動	教學時間	評量方式	教學資源
              3-3-1	一、準備活動 (一) 引起動機 找三位學生上台，各給一個情境，讓學生分別在台上表演高興、生氣、難過的表情。 1. 高興的情境：想像一下，你喜歡的人，在你生日當天送了一份禮物給你。 2. 生氣的情境：想像一下，你跟喜歡的人約好下課後在公園碰面，但你等了一個小時都等不到人。 3. 難過的情境：你跟喜歡的人告白但被拒絕了。 二、發展活動 (一) 進入教學 【主題一：辨別情緒高低——高興、生氣及難過】 1. 高興——透過剛才學生的表演，介紹高興時有的臉部特徵：	 5 分	問答	簡報檔

（續）

行為目標	教學活動	教學時間	評量方式	教學資源
	(1)瞇瞇眼 (2)嘴角上揚 (3)張開嘴巴微笑 2.生氣——透過剛才學生的表演，介紹生氣時有的臉部特徵： (1)皺眉 (2)張大眼睛 (3)張開嘴巴罵人 3.難過——透過剛才學生的表演，介紹難過時有的臉部特徵： (1)哭泣、流眼淚 (2)皺眉 (3)嘴角下垂 【主題二：心情會互相影響】			
3-3-2	1. 你高興，我也高興 他人高興時，我可以為他說些什麼： (1)看你很高興的樣子耶，發生什麼好事了嗎？ (2)看你這麼高興，我也很開心。 2. 生氣沒好處 他人生氣時，我可以為他說些什麼： (1)看你很生氣的樣子，發生什麼事了嗎？ (2)不要生氣啦！ (3)來，跟我一起做深呼吸！ (4)笑一個嘛！	5 分	問答	
3-3-3	3. 你難過，我也不好受 (1)他人難過時，我可以為他說些什麼： a. 你怎麼了？ b. 發生什麼事了？			

（續）

行為目標	教學活動	教學時間	評量方式	教學資源
	c. 可以跟我說嗎？ d. 想哭就哭沒關係，哭完會比較舒服。 (2)若對方說：「讓我一個人靜一靜」或都不說話，可回應：「沒關係，等你想說的時候再告訴我。」 4. 壞心情不要受喜歡的人影響 (1)對方生氣，我不需跟著發脾氣。 (2)對方難過，我不需跟著哭泣。 三、綜合活動 (一) 練習做表情 發給學生每人一面鏡子，請學生跟著投影片上的圖片做出一樣的表情。			
		5 分		鏡子 圖卡
	(二) 喜怒哀樂我最行 1. 一次三人上台，請台上學生做出跟投影片上的圖片一樣的表情。 2. 台下同學給分數（1～3 分），看看誰做的最好。 （給一分者舉一隻手，給兩分者舉兩隻手，給三分者不舉手。） 3. 每組第一名上台，請台上學生做出自己最拿手的表情，再由台下學生票選出全班第一名。 4. 發放學習單。		演練	
		5 分		
				學習單 3-3 A、B
	【主題三：安全健康的「約會」】			
3-4-1	一、準備活動 (一) 以故事讓學生對約會有粗淺的認識 （小明今天終於鼓起勇氣向小惠表白了！小明寫了一封信給小惠，告訴小惠他對她的欣賞，而小惠也回了他的信告訴			
		5 分		

（續）

行為目標	教學活動	教學時間	評量方式	教學資源
	小明她對他很欣賞。為了增進對彼此的認識，他們兩人決定星期天早上一起去逛街吃飯。雖然還沒到星期天，但小明已經不斷想像當天可能會發生的種種情景，而小惠也為了星期天要穿什麼衣服而傷透腦筋！）			
	(二)【提問】		問答	
	1. 小明和小惠星期天出去玩，他們的見面叫作什麼呢？為什麼要約會呢？			
	2. 為什麼小惠要煩惱禮拜天要穿什麼呢？你覺得她應該怎麼穿比較好呢？			
	3. 你覺得小明與小惠約會需要注意哪些地方呢？			影片 3-4
3-4-2	二、發展活動	5 分		
	(一)教導約會的意義			
	透過約會，我們可增進雙方之間的認識和溝通，更加了解對方、了解自己，以決定是否要更進一步的交往下去。			
	(二)【提問】	10 分	問答	
	我們應該要怎麼學會「健康的約會」呢？			
	教導約會六大守則			
	1. 約會地點：應在人多的地方約會（以「安全」為第一考量，盡量選擇明亮的約會地點）			
	2. 約會時間：選擇白天約會（注意約會時間，盡量在「白天」約會）			
	3. 約會禮貌：任何事情都要經過別人同意			

（續）

行為目標	教學活動	教學時間	評量方式	教學資源
	（約會時需「尊重」彼此，並注意「禮貌」）			
	4. 約會飲食：不可以喝酒、來路不明的飲料 （共餐時勿喝酒，並且不飲用來路不明的飲料與食物）			
	5. 約會人員：應盡量從團體活動→團體約會→單獨約會→固定約會 （多從事團體活動或攜伴參與）			學習單 3-4 A、B
	6. 約會穿著：整齊不裸露 （女生穿著應端莊、避免暴露）			
	三、綜合活動 以海報方式呈現正確觀念，再逐一以圖卡方式呈現講解，最後請學生上台選取對的圖卡（如白天與黑夜的圖卡讓學生選擇適當約會的時間）。	5分		圖卡

單元 **3**　愛情宣言（3-5）

單元名稱：愛情宣言	教學時間：50 分鐘
教學目標： 3-5　能適宜的表達對異性朋友的情 　　　感。	行為目標： 3-5-1　能知道有哪些情感的表達方式。 3-5-2　能知道對喜歡的人不尊重的行 　　　　為。

行為目標	教學活動	教學時間	評量方式	教學資源
3-5-1	一、準備活動 【主題一：如何讓她（他）知道我喜歡她（他）】 (一) 引起動機：播放影片《勇敢說出》 (二)問題引導 1. 同學們，你們剛剛從影片中看到了什麼啊？ 2. 阿光是如何讓小薇知道他喜歡她？ 3. 你們有喜歡的人嗎？ 4. 你該如何讓他（她）知道你喜歡他（她）呢？ 二、發展活動 (一) 口頭表達 1. 透過引起動機時播放的影片，讓學生了解到可以透過口頭進行表白。 2. 透過圖片讓學生了解口頭表白包含的形式： 　(1)面對面。 　(2)打電話。 　(3)透過朋友。 3. 請同學練習說出或寫出「我喜歡你」。 4. 問學生：「除了口頭表白，還有什麼方法呢？」	10 分 5 分	 問答 演練	電腦 影片3-5-1 簡報檔

（續）

行為目標	教學活動	教學時間	評量方式	教學資源
	(二) 書信表達：「情書」，播放影片《小花告白篇》。 (三) 網路表達 請學生進行角色扮演 【主題一：我該如何讓她（他）知道我喜歡她（他）？】 1. 情境一：兩人一組，進行喜歡的口頭表達。 2. 情境二：兩人一組，進行情書交換的互動。 （老師示範→學生演練） 【主題二：了解不尊重行為】	5分		影片3-5-2 學習單
3-5-2	(四) 情境教學（以某所特教學校高職部學生作為主角） 1. 新聞事件分享：在資訊展閃光燈殺手 Show Girl 小蔓眼中，「宅男」其實是禮貌敦厚的代名詞，擁有粉嫩膚質的正妹小蔓甚至有個「宅男男友」，而與「宅」相比，愛偷窺女生胸部、乳溝，甚至偷摸的色伯伯和可惡沒禮貌的「撞人族」才是她們的拒絕往來戶。	5分		
	2. 新聞事件相關提問： (1)伯伯做了什麼樣的行為很可惡？ 　答：偷摸女生胸部。 (2)什麼是撞人族？ 　答：透過撞人，偷摸女生。	5分	問答	
	(五) 情境故事：不尊重行為 1. 鹹豬手：大寶常常趁著小花在跟別人說話或不注意的時候，用手偷摸小花的屁股或背部，甚至胸部，總讓小花非常的生氣，但大寶卻感覺好玩，不顧小花的感			

（續）

112

行為目標	教學活動	教學時間	評量方式	教學資源
	受，因此，小花不再跟大寶說話，總是看到大寶就轉身離開。 (1)故事相關提問： 　a. 大寶他做了什麼行為？這樣的行為適當嗎？ 　　答：偷摸小花屁股、背部、胸部。 　b. 為什麼小花會那麼生氣？ 　　答：不舒服、不被尊重。 　c. 為什麼小花會轉身離開？ 　　答：討厭大寶，不想再跟大寶說話。 2.強迫行為：大寶（男）越來越不能忍受小花（女）對待他的態度，也很煩惱小花不再跟他說話、不再找他玩。終於有一天，大寶沒辦法忍受小花不理他，突然衝到小花面前，強行抱住小花，不管小花的尖叫與掙扎，依然抱住不放。直到老師看到後，前來制止，大寶才放開已經嚇到哭出來的小花。經過這件事情之後，小花只要一看到大寶就跑得遠遠的，不再讓大寶靠近自己。 (1)故事相關提問： 　a. 大寶做了什麼事情？為什麼要這樣做 　　答：強行抱住小花，因為小花都不理他。 　b. 小花有什麼反應？為什麼？ 　　答：尖叫、掙扎、哭，因為害怕。 　c. 小花不理大寶後，大寶有什麼感覺？ 　　答：煩惱、難過。	5 分 5 分	問答 問答	

（續）

行為目標	教學活動	教學時間	評量方式	教學資源
	d. 如果是你喜歡的人不再跟你做朋友，你會有什麼感覺？ e. 為什麼小花不再跟大寶做朋友？ 　答：害怕、討厭。 f. 除了強行抱住之外，還有什麼行為很不好？ 　答：強行拉手。 三、綜合問題 (一) 上面的故事，出現了哪些不尊重的行為？ 　答：鹹豬手、強迫行為（抱）、口語宣告。 (二) 想一想，除了這些行為，還有什麼行為會讓人感覺不受尊重？ (三) 這些不尊重的行為，帶給喜歡的人什麼感受？ 　答：討厭、生氣、難過、害怕。 (四) 如果你不小心做出了不尊重的行為，該怎麼辦？ 　答：學會說：「對不起！」 (五) 該如何尊重喜歡的人？ 　答：1. 不說不尊重的話。 　　　2. 不做不尊重的行為（口語宣告、鹹豬手、強迫行為）。	10分	問答	

二 單元設計架構圖

單元 1

情感面面觀（各 50 分鐘）

3-1 能依親疏遠近表現適當的行為。
3-2 能辨別自己的情感與情緒。

**第 3 章
異性的交往**

單元 2

你的心情我了解（50 分鐘）

3-3 能關心辨別對方的感受。
3-4 能主動邀約異性朋友參與活動。

單元 3

愛情宣言（50 分鐘）

3-5 能適宜的表達對異性朋友的情感。

三 教學目標

單元 1 情感面面觀

3-1 能依親疏遠近表現適當的行為。

　　3-1-1 能夠說（指）出和朋友之間的肢體語言。

　　3-1-2 能夠說（指）出和不同親密程度的朋友之間肢體語言的差異。

3-2 能辨別自己的情感與情緒。

　　3-2-1 能說（指）出喜歡異性的行為表現。

　　3-2-2 能說（指）出討厭異性的行為表現。

單元 2 你的心情我了解

3-3 能關心辨別對方的感受。

　　3-3-1 能辨識喜歡的人的情緒感覺。

　　3-3-2 能了解可能造成喜歡的人某種情緒的原因。

　　3-3-3 對喜歡的人的情緒，能說出適當的言語。

3-4 能主動邀約異性朋友參與活動。

　　3-4-1 能運用適當方式邀約異性朋友參與活動。

　　3-4-2 能夠說出約會之注意事項。

單元 3 愛情宣言

3-5 能適宜的表達對異性朋友的情感。

　　3-5-1 能知道有哪些情感的表達方式。

　　3-5-2 能知道對喜歡的人不尊重的行為。

（四） 教材設計說明

單元 **1** 情感面面觀（3-1～3-2）

指導學生由認識與朋友之間可表現的肢體語言，進而能分辨不同親密程度的朋友之間肢體語言的差異。以 MV 歌曲、偶像劇或生活事件結合學生經驗，讓學生學習能依親疏遠近表現適當的行為。

在指導學生能辨別自己的情感與情緒，可以班上學生親身的經驗事件為例，從學生熟悉的人、事、物作為基礎，進而延伸到親密關係的部分，來分辨喜歡的行為表現、愛的行為表現及討厭的行為表現。還可以角色扮演活動為發展活動，若受限於課程時間，老師可以根據學生的程度，挑選學生較難理解的項目加以演練。喜歡、愛和討厭等三種情感的表現具有個別差異，因此，在教學上僅能以多數人的行為反應來教導學生。若要完全符合學生的需求，可先觀察每位學生的社交行為後再進行個別教導。

單元 **2** 你的心情我了解（3-3～3-4）

引導學生藉由觀察喜歡的人臉部表情及肢體動作，來分辨其所表現的情緒感覺為何，進而了解可能造成喜歡的人某種情緒的原因。指導學生能具有關心辨別對方感受的能力並根據對方的情緒，說出適當的言語或做出適宜的動作。讓學生先了解面部五官的名稱及位置，再逐漸引導了解五官的變化。學生了解自己在生氣、開心、難過時情緒的轉換，再進一步去了解喜歡的人的感受。讓學生了解相同的情緒間可能會有不同的描述語詞，並會在發生原因、表情、動作上有差異。教師在教學中可配合適當之影片欣賞，或擷取電視情節（盡量與生活情境接近）進行情境的演練與辨識，並引導學生在互動的情境中辨識情緒與因應之方法，增加學生之學習興趣。

　　具有關心辨別對方的感受能力之後，指導學生能主動邀約異性朋友參與活動的能力，重點放在能運用適當方式邀約異性朋友參與活動及約會之注意安全事項，學會保護自己的能力。教學的內容包括服裝儀容之重要性及其注意事項（保持個人清潔、維持乾淨外表）、交談之重要性及適當溝通技巧（肢體語言、專心聽講）、如何與朋友交談、邀約步驟及教導約會守則注意事項。

　　教師在教導情緒的標定時，切勿流於名詞解釋，應強調可辨識的特徵，及情緒發生的情境與其背後的含意，而非只是情緒名詞與圖片之配對。告知學生對方心情不好的原因有很多種，不僅僅有課堂上舉例的狀況。告知學生小禮物非必要，並盡量以身邊已有的東西作為禮物，避免花費額外的金錢。盡量以真人圖片，使教學內容更具體化。

單元 3　愛情宣言（3-5）

　　從指導同學知道有哪些情感的表達方式，可運用哪些方式讓喜歡的人知道自己的情感。再從區辨對喜歡的人的尊重行為及不尊重的行為來體會尊重異性朋的重要，進而能適宜的表達對異性朋友的情感。

　　本單元屬於較為實務性質之教學，因此透過影音、真實圖片進行教學，除了建構認知概念之外，更增加學生實際操作的能力；最後輔以遊戲方式，模擬真實情境，進行教學，讓學生在遊戲中進行學習。在設計情境故事時，盡量與真實情境相同，讓學生能夠學以致用。教學圖片的製作，也盡量以真實情境的圖片呈現。

　　進行教學時，在學生進行實際操作練習的時候，需注意男女生尺度拿捏。

　　進行情境教學時，可發揮老師的創造力與想像力，決定呈現方式（如：布偶方式、拍成短劇）。

　　在發展活動的部分，說完每一段故事時，可透過「故事相關提問」增加學生認知性學習，並且鼓勵學生勇於表達自我想法與意見。透過生活化

的故事進行教學，讓學生類化至自身經驗，進行學習。在角色扮演的情境設計，可根據學生能力進行調整。

五. 教學建議

單元 1 情感面面觀

1. 每位學生的朋友不同，需要先調查學生之生態系統，了解學生之間的相處狀況後，再進行本單元的教學。

2. 朋友間的距離對學生而言較為抽象，可以班上學生為例，從學生熟悉的人、事、物作為入門的概念，進而延伸到親密關係的部分。

3. 喜歡、愛和討厭等三種情感的表現具有個別差異，因此，在教學上僅能以多數人的行為反應來教導學生。若要完全符合學生的需求，可先觀察每位學生的社交行為後再進行個別教導。

4. 在發展活動中的角色扮演活動，若受限於課程時間，老師可以根據學生的程度，挑選學生較難理解的項目加以演練。

單元 2 你的心情我了解

1. 學生必須先了解面部五官的名稱及位置，再逐漸引導了解五官的變化。

2. 學生了解自己在生氣、開心、難過時情緒的轉換，再進一步去了解喜歡的人的感受。

3. 讓學生了解相同的情緒間可能會有不同的描述語詞，並會在發生原因、表情、動作上有差異。

4. 教師在教學中可配合適當之影片欣賞，或擷取電視情節（盡量與生活情境接近）進行情境的演練與辨識，並引導學生在互動的情境中辨識情緒與因應之方法，增加學生之學習興趣。

5. 教師在教導情緒的標定時，切勿流於名詞解釋，應強調可辨識的特徵，

及情緒發生的情境與其背後的含意，而非只是情緒名詞與圖片之配對。

6. 告知學生對方心情不好的原因有很多種，不僅僅有課堂上舉例的狀況。

7. 教導學生詢問對方時，口氣宜溫和，教師需告知學生課堂上教的四句話，可視狀況做先後調整，不一定要全部念出。

8. 盡量以真人圖片，使教學內容更具體化。

單元 3　愛情宣言

1. 興趣原則：透過不同教學活動引起學生學習動機及學習興趣。

2. 精熟原則：學習過程中不斷讓學生練習，反覆操作，達到精熟學習。

3. 編序原則：依照教學目標，由淺入深教學。

4. 感官並用原則：利用視、聽、動多感官教學，讓每位學生皆能夠學習。

5. 個別化原則：依據每位學生個別差異，給予不同程度協助及評量標準。

6. 透過生活化的故事進行教學，讓學生類化至自身經驗，進行學習。

7. 在角色扮演的情境設計，可根據學生能力進行調整。

（六）　參考資源

1. 愛情蹺蹺板（http://hospital.kingnet.com.tw/activity/aboutlove/index.html）

2. 湯心怡（譯）（2005）。中村徹著。**我想和你做朋友**。台北：大穎文化。

    (1)嘎嘎的教學網站（http://fangwife.myweb.hinet.net/）

    (2)九年一貫綜合活動教學資訊網（http://course.ncue.edu.tw/G-personal.shtml#9）

3. 國民健康局青少年性教育網站（http://www.young.gov.tw）

○七 教學簡報

單元 **1** 情感面面觀（3-1）

編號	簡報	編號	簡報
1	第三章 異性的交往 第一單元 情感面面觀（3-1）	2	能夠說(指)出和朋友之間的肢體語言（3-1-1）
3	唱唱歌 跳跳舞 歌曲名稱：好朋友	4	歌詞 好朋友我們行個禮 握握手啊來猜拳 石頭布看誰贏 輸了就要跟我走
5	想想看	6	1.你在這首歌中聽到哪些動作？ ●行禮 ●握手 ●猜拳 ●走

編號	簡報	編號	簡報
7	2.在這些動作中，有哪兩個動作是打招呼的動作？ ●行禮 ●握手	8	3.你平常會用這兩個動作和朋友打招呼嗎？
9	4.你習慣用什麼方式和朋友打招呼呢？	10	發展活動： 對待朋友還有哪些肢體語言的方式呢？
11	點頭 	12	揮手
13	握手 	14	勾手

編號	簡報	編號	簡報
15	拍肩膀 	16	摸頭
17	牽手 	18	勾肩膀
19	擁抱 	20	適度的肢體語言（3-1-2）
21	男女大不同 男生、女生坐一邊， 指導男女生朋友適合的肢體動作。	22	適當的肢體動作 點頭

編號	簡報	編號	簡報
23	適當的肢體動作 揮手 	24	適當的肢體動作 握手
25	適當的肢體動作 拍肩膀 	26	招呼拼盤 請學生說說看有哪些打招呼的方式，分成兩組，說出答案並且做出正確肢體語言的即給一分。
27	我們都是好朋友 請一位同學上台擔任主角，任意點選台下同學上台，請主角對此位同學做出適當的肢體語言。		

單元 **1** 情感面面觀（3-2）

編號	簡報	編號	簡報
1	第三章 異性的交往 第一單元 情感面面觀（3-2）	2	能說(指)出喜歡異性的行為表現 **(3-2-1)**
3	影片欣賞	4	人物介紹 小佑　　　　小川
5	小川很在意(3-2-1#) 	6	想想看
7	1.小川一大早在校門口做什麼？ 答案：小川在等小佑 	8	2.小川喜歡的人是誰？ 答案：小川喜歡小佑

編號	簡報	編號	簡報
9	**找找看** 你從哪些地方可以看出 小川喜歡小佑？	10	第一， 小川在校門口等小佑
11	第二， 小川想和小佑一起從校門口走到教室	12	第三， 小川裝了特別多午餐給小佑
13	第四， 小川不敢主動和小佑講話	14	第五， 小川不敢讓小佑知道她偷偷打聽小佑
15	第六， 小川被小佑扶了一把，覺得很害羞	16	第七， 小川在教室裡偷看小佑

編號	簡報	編號	簡報
17	第八、 小川在吃其他女同學的醋	18	「喜歡」的行為表現 1.說話時，眼睛不敢直視他(她)。
19	「喜歡」的行為表現 2.看到他(她)會害羞的笑。 	20	「喜歡」的行為表現 3.不小心和他(她)四目相對時會臉紅。
21	「喜歡」的行為表現 4.看著他(她)的眼睛說話會覺得很緊張。 	22	「喜歡」的行為表現 5.和他(她)說話時可能會結巴。
23	「喜歡」的行為表現 6.有事沒事想找他(她)聊天。 	24	「喜歡」的行為表現 7.平時會偷偷的看著他(她)。

編號	簡報	編號	簡報
25	「喜歡」的行為表現 8.感受到他(她)對自己的一點關懷,就可以開心一整天。	26	「喜歡」的行為表現 9.有意無意詢問他(她)的生活習慣。例如:喜歡吃什麼?喜歡到什麼地方玩?
27	「喜歡」的行為表現 10.想透過他(她)的朋友多了解他(她)一些。	28	角色扮演
29	●如果你有喜歡的人,你會有哪些舉動呢? ●如果我有喜歡的人,我會____。	30	來演演看吧!
31	能說(指)出討厭異性的行為表現 (3-2-2)	32	影片欣賞

編號	簡報	編號	簡報
33	**人物介紹** 大木　　　　小米	34	**我討厭你(3-2-2#)**
35	**「討厭」的行為表現** 1.我看到他(她)會想要逃避。 	36	**「討厭」的行為表現** 2.我和他(她)說話時會感到不耐煩。
37	**「討厭」的行為表現** 3.我看他(她)的眼神很不友善。 	38	**「討厭」的行為表現** 4.我對他(她)愛理不理。
39	**「討厭」的行為表現** 5.他(她)經過我的身邊,我會視而不見。 	40	 比手畫腳

編號	簡報	編號	簡報
41	**規則** • 請丟擲一個十元硬幣。 • 「人像」代表「喜歡」 　「數字」代表「討厭」	42	**規則** • 請表演你抽出的主題。 • 讓大家猜猜看，你表演的是「喜歡」或是「討厭」？

單元 **2** 你的心情我了解（3-3～3-4）

編號	簡報	編號	簡報
1	第三章 異性的交往 第二單元 你的心情我了解（3-3～3-4）	2	能關心辨別對方的感受（3-3-1）
3	引起動機 找三位學生上台， 各給一個情境， 讓學生分別在台上表演 高興、生氣、難過的表情。	4	高興的情境 想像一下，你喜歡的人，在你生日當天送了一份禮物給你。

130

編號	簡報	編號	簡報
5	**生氣的情境** 想像一下，你跟喜歡的人約好下課後在公園碰面，但你等了一個小時都等不到人。	6	**難過的情境** 你跟喜歡的人告白但被拒絕了。 對不起！我不喜歡你！
7	主題一 辨別情緒高低—高興、生氣及難過	8	**高興** 瞇瞇眼　　張嘴笑
9	**生氣** 睜大眼睛　　嘟嘴	10	**難過** 流眼淚、皺眉　　嘴角下垂
11	主題二：心情會互相影響	12	1. 你高興，我也高興 他人高興時，我可以為他說些什麼

編號	簡報	編號	簡報
21	你怎麼了？	22	發生什麼事了？
23	可以跟我說嗎？	24	想哭就哭沒關係，哭完會比較舒服。
25	(2)若對方說：「讓我一個人靜一靜」或都不說話	26	可回應：「沒關係，等你想說的時候再告訴我。」
27	4.壞心情不要受喜歡的人影響	28	(1)對方生氣，我不需跟著發脾氣

編號	簡報	編號	簡報
29	(2)對方難過，我不需跟著哭泣 	30	(一)練習做表情 發給學生每人一面鏡子，請學生跟著投影片上的圖片做出一樣的表情。
31	(二)喜怒哀樂我最行 1. 一次三人上台，請台上學生做出跟投影片上的圖片一樣的表情。 	32	2. 台下同學給分數(1～3分)，看看誰做的最好。 給一分者舉一隻手，給兩分者舉兩隻手，給三分者不舉手。
33	能主動邀約異性朋友參與活動 (3-4-1) 	34	安全健康的「約會」
35	我們約會吧! 小明今天終於鼓起勇氣向小惠表白了!	36	我們約會吧! 小明寫了一封信給小惠，告訴小惠他對她的欣賞

編號	簡報	編號	簡報
37	**我們約會吧！** 小明，這封信給你 而小惠也回了他的信去跟小明說她對他很欣賞	38	**我們約會吧！** 為了增進對彼此的認識，他們兩人決定 星期天早上，一起去逛街吃飯
39	**我們約會吧！** 那天會怎麼樣呢…？ 雖然還沒到星期天，但小明已經不斷想像當天可能會發生的種種情境	40	**我們約會吧！** 穿哪件好呢？ 小惠也為了星期天要穿什麼衣服而傷透腦筋!!
41	**聽完故事後……** · 小明和小惠星期天出去玩，他們的見面叫做什麼呢？ 約會	42	**想一下……** · 為什麼要約會呢？ 約會可以讓我們更認識對方
43	**聽完故事後……** · 為什麼小惠要煩惱禮拜天要穿什麼呢？ 因為她想讓對方看到自己漂亮的一面	44	**想一下……** · 你覺得她應該怎麼穿比較好呢？

編號	簡報	編號	簡報
45	想一下..... ・你覺得小明與小惠約會需要注意哪些地方呢? 影片:3-4#	46	什麼是約會呢? 認識對方 了解自己
47	・我們應該要怎麼學會「健康的約會」呢? 約會六大守則	48	安全的約會地點 ・人多的地方
49	約會時間 ・選擇白天約會 白天　　晚上	50	約會禮貌 ・任何事情都要經過別人同意 自己走　　勾肩搭背
51	約會飲食 ・不可以喝酒、來路不明的飲料 果汁　　酒	52	約會人員 ・大家一起比較好玩 兩個人　　一群人

編號	簡報	編號	簡報
53	**約會穿著** ・整齊不裸露 襯衫　　細肩帶　　裙子	54	**約會六大守則** 1. 以「安全」為第一考量，盡量選擇明亮的約會地點 2. 注意約會時間，盡量在「白天」約會 3. 約會時需「尊重」彼此，並注意「禮貌」 4. 共餐時勿喝酒，並且不飲用來路不明的飲料與食物 5. 多從事團體活動或攜伴參與 6. 女生穿著應端莊、避免暴露
55	**約會六大守則** 1. 以「安全」為第一考量，盡量選擇明亮的約會地點 2. **注意約會時間，盡量在「白天」約會** 3. 約會時需「尊重」彼此，並注意「禮貌」 4. 共餐時勿喝酒，並且不飲用來路不明的飲料與食物 5. 多從事團體活動或攜伴參與 6. 女生穿著應端莊、避免暴露	56	**約會六大守則** 1. 以「安全」為第一考量，盡量選擇明亮的約會地點 2. 注意約會時間，盡量在「白天」約會 3. **約會時需「尊重」彼此，並注意「禮貌」** 4. 共餐時勿喝酒，並且不飲用來路不明的飲料與食物 5. 多從事團體活動或攜伴參與 6. 女生穿著應端莊、避免暴露
57	**約會六大守則** 1. 以「安全」為第一考量，盡量選擇明亮的約會地點 2. 注意約會時間，盡量在「白天」約會 3. 約會時需「尊重」彼此，並注意「禮貌」 4. **共餐時勿喝酒，並且不飲用來路不明的飲料與食物** 5. 多從事團體活動或攜伴參與 6. 女生穿著應端莊、避免暴露	58	**約會六大守則** 1. 以「安全」為第一考量，盡量選擇明亮的約會地點 2. 注意約會時間，盡量在「白天」約會 3. 約會時需「尊重」彼此，並注意「禮貌」 4. 共餐時勿喝酒，並且不飲用來路不明的飲料與食物 5. **多從事團體活動或攜伴參與** 6. 女生穿著應端莊、避免暴露
59	**約會六大守則** 1. 以「安全」為第一考量，盡量選擇明亮的約會地點 2. 注意約會時間，盡量在「白天」約會 3. 約會時需「尊重」彼此，並注意「禮貌」 4. 共餐時勿喝酒，並且不飲用來路不明的飲料與食物 5. 多從事團體活動或攜伴參與 6. **女生穿著應端莊、避免暴露**	60	**安全的約會** 不管是男生或是女生 約會都需要注意「安全」喔!!

編號	簡報	編號	簡報
61	謝謝聆聽～		

單元 3　愛情宣言（3-5）

編號	簡報	編號	簡報
1	第三章 異性的交往 第三單元 愛情宣言(3-5)	2	能知道有哪些情感的表達方式（3-5-1） 主題一：如何讓她(他)知道我喜歡她(他)
3	影片3-5-1# 勇敢說出	4	一、問題引導： ◆你們剛剛從影片中看到了什麼啊？ ◆阿光是如何讓小花知道他喜歡她？ ◆你們有喜歡的人嗎？ ◆你該如何讓他（她）知道你喜歡他（她）呢？

編號	簡報	編號	簡報
5	**口頭表達** ◆面對面 ◆打電話	6	**口頭表達** ◆透過朋友 請朋友或同學幫你說 我有一個同學請我來跟你說……
7	**書信表達：「情書」** ◆小花告白篇（影片3-5-2#）	8	**網路表達** ✉ msn ✉ e-mail
9	**角色扮演** 主題一：我該如何讓他（她）知道我喜歡他（她）？ ✉情境「一」：兩人一組，進行喜歡的口頭表達。 ✉情境「二」：兩人一組，進行情書交換的互動。	10	能知道對喜歡的人不尊重的行為（3-5-2） 主題二：了解不尊重行為
11	**新聞事件分享** ✉在資訊展閃光燈殺手Show Girl小蔓眼中，「宅男」其實是禮貌敦厚的代名詞，擁有粉嫩膚質的正妹小蔓甚至有個「宅男男友」，而與「宅」相比，愛偷窺女生胸部、乳溝，甚至偷摸的色伯伯和可惡沒禮貌的「撞人族」才是她們的拒絕往來戶。	12	**新聞相關提問** ✉伯伯做了什麼樣的行為很可惡？ 偷摸女生胸部 ✉什麼是撞人族？ 透過撞人，偷摸女生

編號	簡報	編號	簡報
13	**不尊重行為** （一）鹹豬手 　　大寶常常趁著小花在跟別人說話或不注意的時候，用手偷摸小花的屁股或背部，甚至胸部，總讓小花非常的生氣，但大寶卻感覺好玩，不顧小花的感受，因此，小花不再跟大寶說話，總是看到大寶就轉身離開。 	14	☙故事相關提問： 1. 大寶他做了什麼行為？這樣的行為適當嗎？ 偷摸小花屁股、背部、胸部 2. 為什麼小花會那麼生氣？ 不舒服、不被尊重 3. 為什麼小花會轉身離開？ 討厭大寶，不想再跟大寶說話
15	**不尊重行為** （二）強迫行為 　　大寶（男）越來越不能忍受小花（女）對待他的態度，也很煩惱小花不再跟他說話、不再找他玩，終於有一天，大寶沒辦法忍受小花不理他，突然衝到小花面前，強行抱住小花，不管小花的尖叫與掙扎，依然抱住不放，直到老師看到後，前來制止，大寶才放開已經嚇到哭出來的小花。經過這件事情之後，小花只要一看到大寶就跑得遠遠的，不讓大寶靠近自己。 	16	☙故事相關提問： 1. 大寶做了什麼事情？為什麼要這樣做？ 強行抱住小花，因為小花都不理他 2. 小花有什麼反應？為什麼？ 尖叫、掙扎、哭，因為害怕 3. 小花不理大寶後，大寶有什麼感覺？ 煩惱、難過
17	4. 如果是你喜歡的人不再跟你做朋友，你會有什麼感覺？ 5. 為什麼小花不再跟大寶做朋友？ 害怕、討厭 6. 除了強行抱住之外，還有什麼行為很不好？ 強行拉手、強行親人	18	**綜合問題** ☙上面的故事，出現了哪些不尊重的行為？
19	☙想一想，除了這些行為，還有什麼行為會讓人感覺不受尊重？	20	☙這些不尊重的行為，帶給喜歡的人什麼感受？ 生氣　難過　討厭　害怕

編號	簡報	編號	簡報
21	❦如果你不小心做出了不尊重的行為，該怎麼辦？ 　　說：「對不起」，以後不可以再這麼做 對不起！	22	❦該如何尊重喜歡的人？ 不說不尊重的話 不做不尊重的行為

⑧ 學習單

單元 **1** （3-1）

學習單 A
單元名稱：情感面面觀

學生姓名：　　　　　　　　　　　　　　班級：　　年　　班

＊寫寫看：
根據題目在適當的圖片下方（　）打勾「✓」，可以複選

1.和普通朋友之間該有什麼適當的肢體語言？

（　　　　　）　　　（　　　　　）　　　（　　　　　）

2.和要好的朋友可以有什麼適當的肢體語言？

（　　　　　）　　　（　　　　　）　　　（　　　　　）

（續）

3. 和普通朋友適當的身體距離為何？

（　　　　）　　（　　　　）　　（　　　　）

單元 **1** （3-1）

學習單 B

單元名稱：情感面面觀

學生姓名：　　　　　　　　　　　　班級：　　年　　班

＊連連看：

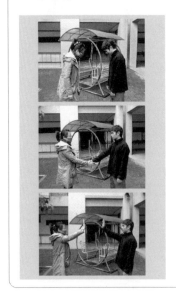

・普通朋友

・好朋友

・親密朋友

（續）

- 普通朋友

- 好朋友

- 親密朋友

- 普通朋友

- 好朋友

- 親密朋友

單元 **1** （3-2）

學習單 A

單元名稱：情感面面觀

學生姓名：　　　　　　　　　　　　　班級：　　年　　班

一、如果你有喜歡的人，你會_____？
請依據下方參考答案，把空格中的答案寫下來。

(1) _____
(2) _____
(3) _____
(4) _____
(5) _____
(6) _____
(7) _____

參考答案

1. 說話時，眼睛不敢直視他（她）。
2. 看到他（她）會害羞的笑。
3. 不小心和他（她）四目相對時會臉紅。
4. 看著他（她）的眼睛說話會覺得很緊張。
5. 和他（她）說話時可能會結巴。
6. 有事沒事想找他（她）聊天。
7. 感受到他（她）對自己的一點關懷，就可以開心一整天。
8. 平時會偷偷的看著他（她）。
9. 有意無意詢問他（她）的生活習慣。
10. 想透過他（她）的朋友多了解他（她）一些。

二、請選擇合適的句子來搭配下頁左邊的圖案

- 我和他（她）說話時會感到不耐煩。
- 我對他（她）愛理不理。
- 我看他（她）的眼神很不友善。
- 我看到他（她）會想要逃避。
- 他（她）經過我的身邊，我會視而不見。

（續）

圖案	句子

（續）

三、請寫出正確的答案

1. 請寫出五個喜歡異性的行為表現。

(1) _____

(2) _____

(3) _____

(4) _____

(5) _____

2. 請寫出三個討厭異性的行為表現。

(1) _____

(2) _____

(3) _____

單元 **1** （3-2）

學習單 B

單元名稱：情感面面觀

學生姓名： 班級： 年 班

一、請圈出「喜歡」的行為表現

平時會偷偷的看著他（她）	偷看他（她）的書包

和他（她）打架	和他（她）說話時可能會結巴

看著他（她）的眼睛說話會覺得很緊張	用髒話罵他（她）

（續）

說話時，眼睛不敢直視他（她）

有意無意詢問他（她）的生活習慣

有事沒事想找他（她）聊天

看到他（她）會害羞的笑

二、請圈出正確的答案

1. 請圈出「喜歡」的行為表現。

（　）有事沒事想找他（她）聊天。

（　）有意無意詢問他（她）的生活習慣。

（　）感受到他（她）對自己的一點關懷，就可以開心一整天。

2. 請圈出「討厭」的行為表現。

（　）他（她）經過我的身邊，我會視而不見。

（　）他（她）會和我一起憂愁煩惱。

（　）我看他（她）的眼神很不友善。

（續）

三、請把合適的句子和圖案連在一起

● ● 我和他（她）說話時會
感到不耐煩。

● ● 我對他（她）愛理不
理。

● ● 我看他（她）的眼神很
不友善。

● ● 他（她）經過我的身
邊，我會視而不見。

● ● 我看到他（她）會想要
逃避。

單元 **2** （3-3）

學習單 A

單元名稱：你的心情我了解

學生姓名：　　　　　　　　　　　　班級：　　年　　班

選擇題

1.（　）下列哪個不是生氣時會有的臉部特徵？
　　　　(1)張開嘴巴微笑　(2)皺眉　(3)張開嘴巴罵人

2.（　）看到別人很高興，我可以跟他說什麼？
　　　　(1)看你這麼高興，我也很開心
　　　　(2)你在高興什麼啊？看起來很討厭耶！

3.（　）生氣時，我可以怎麼做？
　　　　(1)深呼吸　(2)打人　(3)撞牆

4.（　）看到同學在哭，我應該怎麼做？
　　　　(1)陪他一起哭　(2)問他發生什麼事了

5.（　）若對方心情不好，說「讓我一個人靜一靜」，我可以怎麼做？
　　　　(1)過幾天再打電話給他
　　　　(2)繼續問他到底怎麼了

6.（　）我對誰可能會出現吃醋的感覺？
　　　　(1)男／女朋友　(2)兄弟姊妹　(3)不認識的人

7.（　）吃醋是什麼感覺？
　　　　(1)心裡覺得不舒服　(2)很開心

8.（　）我吃醋了，該怎麼做？
　　　　(1)很生氣的跟對方說話
　　　　(2)溫和的說出心裡的感受

單元 **2** （3-3）

學習單 B
單元名稱：你的心情我了解

學生姓名：　　　　　　　　　　　班級：　　年　　班

一、配合題：請將下列臉部表情特徵，與正確的情緒作配對。

ㄅ.高興	ㄆ.生氣	ㄇ.難過

例：（ㄅ）嘴角上揚

1.（　）張開嘴巴罵人
2.（　）流眼淚
3.（　）張開嘴巴微笑
4.（　）張大眼睛
5.（　）嘴角下垂

二、配合題：請問下面的話語，是對方在何情緒下可以對他說的。

ㄅ.高興	ㄆ.生氣	ㄇ.難過

例：（ㄆ）不要生氣啦！

1.（　）笑一個嘛！
2.（　）想哭就哭沒關係，哭完會比較舒服。
3.（　）看你這麼高興，我也很開心。

三、是非題

1.（　）對方心情不好在哭，我也要在旁邊跟著哭。
2.（　）對方在生氣，表示想要靜一靜，我還是要在旁邊一直跟他說
　　　　話。
3.（　）會吃醋是因為覺得喜歡的人沒有那麼在乎自己。
4.（　）看到喜歡的人在哭時，我可以遞張衛生紙給他。
5.（　）找對方溝通前，可以先做深呼吸，要用溫和的語氣跟對方說
　　　　話。

單元 **2** （3-4）

學習單 A

單元名稱：你的心情我了解

學生姓名： 班級： 年 班

安全的約會

一、約會守則

　　1. 安全的約會地點

人多的地方 如：動物園	

　　2. 約會時間

白天約會 白天	

　　3. 約會禮貌

經過別人同意，不勾肩搭背 自己走	

（續）

4. 約會飲食

不喝酒 喝果汁	

5. 約會人員

大家一起 一群人	

6. 約會穿著

整齊不裸露 襯衫	
裙子	

（續）

二、理想的約會地點

可以去……

速食店	
公園	
百貨公司	

單元 **2** （3-4）

學習單 B

單元名稱：你的心情我了解

學生姓名：　　　　　　　　　　　　　班級：　　年　　班

安全的約會

一、約會守則

　　1. 以「安全」為第一考量，盡量選擇公共場所。

　　2. 注意約會時間，盡量在「白天」約會。

　　3. 約會時需「尊重」彼此，並注意「禮貌」。

　　4. 用餐勿喝酒，並且不飲用來路不明的飲料與食物。

　　5. 從事團體活動或攜伴參與。

　　6. 女生穿著端莊、避免暴露。

二、約會注意事項

　　1. 人：告知家人或朋友約會對象、時間、地點及預定回家時間，並留下其聯絡方式。

　　2. 事：正當的休閒活動、了解整個約會行程，避免肢體的碰觸。

　　3. 時：假日或彼此都悠閒的時刻，且盡量選擇白天。

　　4. 地：選擇公共場所，避免到隱密昏暗、人少的地方。

　　5. 物：穿著打扮、食物飲料及費用的支出皆需考量。

單元 **3** （3-5）

學習單 A

單元名稱：愛情宣言

學生姓名：　　　　　　　　　　　班級：　　年　　班

一、你要怎麼讓他（她）知道你的情感呢？看看下列的圖片，如果是
　　用口頭表達的方式請寫 1；用書信的方式請寫 2；網路的方式請寫
　　3。

二、請想想看，如果是你，你會怎麼做呢？
　　如果是我，我會用＿＿＿＿＿＿＿＿＿＿的方式，
　　因為＿＿＿＿＿＿＿＿＿＿＿＿＿＿＿＿＿＿＿

單元 **3** （3-5）

學習單 B
單元名稱：愛情宣言

學生姓名：　　　　　　　　　班級：　　年　　班

圈圈看：請根據表達方式將正確的圖片圈起來

口頭表達	

寫信表達	

網路表達	

九 評量表

單元 **1** （3-1）

單元名稱：情感面面觀

學生姓名：＿＿＿＿＿＿＿　　　班級：＿＿＿年＿＿＿班

評量方式：□紙筆；□問答；□觀察；□指認；□其他＿＿＿＿＿＿

行為目標	評量日期								%
3-1-1　能夠說（指）出和朋友之間的肢體語言									
3-1-2　能夠說（指）出和不同親密程度的朋友之間肢體語言的差異									

評量代號說明：
5-獨立完成，4-口語提示可完成，3-示範才能完成，2-部分肢體協助完成，
1-完全依賴協助，0-沒反應或沒學習意願

單元 1 （3-2）

單元名稱：情感面面觀

學生姓名：＿＿＿＿＿＿＿　　　　　班級：＿＿年＿＿班

評量方式：□紙筆；□問答；□觀察；□指認；□其他＿＿＿＿＿＿

行為目標	評量日期							%
3-2-1　能說（指）出喜歡異性的行為表現								
3-2-2　能說（指）出討厭異性的行為表現								

評量代號說明：
5-獨立完成，4-口語提示可完成，3-示範才能完成，2-部分肢體協助完成，
1-完全依賴協助，0-沒反應或沒學習意願

單元 **2** （3-3～3-4）

單元名稱：你的心情我了解

學生姓名：＿＿＿＿＿＿＿＿＿　　　　　　班級：＿＿＿年＿＿＿班

評量方式：□紙筆；□問答；□觀察；□指認；□其他＿＿＿＿＿＿＿

行為目標	評量日期							%
3-3-1　能辨識喜歡的人的情緒感覺								
3-3-2　能了解可能造成喜歡的人某種情緒的原因								
3-3-3　對喜歡的人的情緒，能說出適當的言語								
3-4-1　能運用適當方式邀約異性朋友參與活動								
3-4-2　能夠說出約會之注意事項								

評量代號說明：
5-獨立完成，4-口語提示可完成，3-示範才能完成，2-部分肢體協助完成，1-完全依賴協助，0-沒反應或沒學習意願

單元 **3** （3-5）

單元名稱：愛情宣言

學生姓名：＿＿＿＿＿＿＿　　　　班級：＿＿＿年＿＿＿班

評量方式：□紙筆；□問答；□觀察；□指認；□其他＿＿＿＿＿＿

行為目標	評量日期									%
3-5-1　能知道有哪些情感的表達方式										
3-5-2　能知道對喜歡的人不尊重的行為										

評量代號說明：
5-獨立完成，4-口語提示可完成，3-示範才能完成，2-部分肢體協助完成，
1-完全依賴協助，0-沒反應或沒學習意願

**健康的性態度與
價值觀的建立**

▌林永堂、謝德全、蕭曼萍

 教案

單元 **1** 衝動，要不要（4-1）

單元名稱：衝動，要不要	教學時間：50 分鐘
教學目標： 4-1 辨別引起個人不當性衝動的情境。	行為目標： 4-1-1 能說（指）出引起不當性衝動的刺激事物。 4-1-2 能正確說出性衝動的生理特徵。 4-1-3 能正確說（指）出圖示中可能會引起性衝動的發生地點。

行為目標	教學活動	教學時間	評量方式	教學資源
	一、準備活動 (一) 引起動機 1. 播放社會時事新聞案例之投影片，請同學討論。 2. 播放「情境故事」影片。 　(1)情境故事簡述： 　　阿華跟小玫是同班同學，常被同學們湊對成男女朋友，平常在學校上課、吃飯、下課都常在一起。 　　有天晚上阿華睡不著，就爬起	5 分 5 分		新聞案例 情境故事影片 4-1-1

（續）

行為目標	教學活動	教學時間	評量方式	教學資源
	來看電視，看到電視裡男女主角身體靠得很近，突然間，畫面中出現男女主角親熱的鏡頭，阿華心跳加快、身體開始發熱。			
	隔天，體育課時，上到一半，小玫突然覺得頭暈想吐，阿華自告奮勇地要帶小玫到健康中心，路上經過活動廣場，眼見四下無人，阿華腦中浮現昨晚電視裡的畫面，他突然反身抱住小玫，臉就湊過去要親吻小玫；被嚇到的小玫一時不知道該怎麼辦，又覺得男女朋友「好像」會有這樣的動作，也不敢反抗阿華，阿華覺得心跳加速、身體越來越熱、臉部發紅，腦中重複昨晚看到的畫面，把小玫抱得更緊了。			
	學校警衛從監視器中發現有學生在廣場有親密的動作，便馬上通知訓導處及導師前來處理。			
	(二) 情境故事 見光碟「情境故事劇本(1)」			
	二、發展活動			
	(一) 情境故事提問	10分	問答 觀察	簡報檔
	1.阿華對小玫做了什麼事？			
4-1-1	2.為什麼阿華會對小玫有這樣的舉動？			
4-1-2	3.阿華出現哪些生理反應？			
	4.事件發生的地點在哪？			
4-1-3	5.圖示中有哪些地方也可能發生這類的事？			

（續）

行為目標	教學活動	教學時間	評量方式	教學資源
	(二) 角色扮演	20 分	演練	簡報檔
	1. 情境一：阿華在房間翻來覆去睡不著，坐起來發一下呆，就跑到客廳去看電視。			影片 4-1-2
	阿華：最近的電視真無聊（轉著電視頻道，突然看到激情畫面），看這個好像不太好……			
	2. 情境二：			影片 4-1-3
	小玫：小芸，我覺得頭好痛！好想吐哦！			
	小芸：老師！小玫說她頭暈很想吐。（跑去找老師）			
	老師：小玫，你怎麼了？可能中暑了。小芸，請你帶小玫去健康中心。			
	阿睿：老師啊，你應該叫阿華陪她去的，不然阿華會生氣哦！			
	3. 情境三：阿華陪小玫走在校園內，經過辦公室、沒有人的教室，經過活動廣場時，眼見四下無人，阿華腦中浮現昨晚電視裡的畫面，他突然反身抱住小玫，臉湊過去要親吻小玫……			影片 4-1-4
	三、綜合活動	10 分		
4-1-2	(一) 複習性衝動的生理反應。			
4-1-1	(二) 引起不當性衝動的事物。			
4-1-3	(三) 放置地點的圖示，請學生指出可能引起性衝動的地點。			圖卡
4-1-2				
4-1-1	(四) 發下學習單並說明寫法。		紙筆	學習單
4-1-3	(五) 透過問答、觀察、紙筆、演練評量學生的學習狀況。			

單元 **1** 衝動，要不要（4-2）

單元名稱：衝動，要不要	教學時間：50 分鐘
教學目標： 4-2 避免不當性衝動的情境。	行為目標： 4-2-1 能正確說（做）出如何拒絕引起不當性衝動的刺激物。 4-2-2 能明確表示在性衝動發生地點應該離開。 4-2-3 能正確模仿如何拒絕引起不當性衝動的動作。

行為目標	教學活動	教學時間	評量方式	教學資源
	一、準備活動 (一) 引起動機 播放上週情境故事影片，請同學討論。	10 分		情境故事影片 4-2-1
   4-2-2 4-2-1	二、發展活動 (一) 情境故事相關提問 1. 事件發生的地點在哪？ 2. 如果我們在這些地方該怎麼辦？ 3. 阿華該怎麼拒絕這些刺激？	10 分	問答	簡報檔
4-2-1 4-2-2 4-2-3	(二) 情境故事倒轉 重新播放影片，在特定的情節時，請學生選擇不同行為模式。 1. 阿華看到電影中激情畫面時，他可以選擇怎麼做？（影片 4-2-2、4-2-3） →轉台、離開現場。	20 分	觀察	劇本 影片 4-2-2 4-2-3
	2. 在教室裡，當阿睿慫恿阿華去摸小玫時，阿華應該怎麼做？（影片 4-2-4） →主動表達意願、避免單獨和異性相處。			影片 4-2-4
	3. 當阿華要抱小玫時，小玫可以選擇怎麼做？（影片 4-2-5）			影片 4-2-5

（續）

行為目標	教學活動	教學時間	評量方式	教學資源
	→大叫，並嚇阻阿華的行為；盡快離開現場。			
	4.在廁所裡，阿華又可以選擇怎麼做？（影片4-2-6）			影片4-2-6
	→拒絕同學的玩笑，澄清自己的立場。			
4-2-1 4-2-2 4-2-3	三、綜合活動 (一) 學生指出有什麼動作才能拒絕這類的刺激？ (二) 如果我們在這些地方那該怎麼辦？ (三) 發下學習單並說明寫法。 (四) 透過問答、指認、觀察、紙筆評量學生的學習狀況。	10分	問答 紙筆	學習單 A、B

單元 ① 衝動，要不要（4-3）

單元名稱：衝動，要不要	教學時間：50 分鐘
教學目標： 4-3 了解性行為的責任與後果。	行為目標： 4-3-1 能正確說出當發生性行為後可能懷孕。 4-3-2 能正確說出不當性行為對於生活的影響。 4-3-3 能正確指出引發懷孕的行為是性行為。 4-3-4 了解與他人發生不當性行為是錯誤的。 4-3-5 能與他人分享扮演其他角色的看法。

行為目標	教學活動	教學時間	評量方式	教學資源
	一、準備活動 (一) 複習前一堂課程 1.造成性衝動的刺激物有哪些？ 2.哪些地方為危險的情境與場所？ 3.拒絕不當性衝動有哪些動作？	3 分	問答	
	(二) 引起動機 藉由戲劇角色扮演及融入情境的方式來教學，讓學生設身處地思考該如何去解決？（見光碟「演戲劇本」） （由之前的影片來切入主題，如果小玫在情境當下沒有拒絕阿華，接下來會發生什麼狀況？）	12 分	演練	劇本
4-3-1	**二、發展活動** (一) 教導學生辨別握手、擁抱、親吻及性行為，哪種行為有可能懷孕。	10 分	問答	圖片 字卡
4-3-2	(二) 教導學生若與別人發生不當性行為後，對自己或別人有哪些影響。	10 分	問答 指認	補充教材 澄清表

（續）

行為目標	教學活動	教學時間	評量方式	教學資源
4-3-3 4-3-4	例如： 1. 和別人發生不當的性行為後可能會懷孕，可能會影響到哪些人？ 2. 和別人發生不當的性行為是違法的事情，可能會影響到哪些人？ 3. 和別人發生不當的性行為可能會感染性病，可能會影響到哪些人？ 4. 無法繼續至學校上學，可能會影響到哪些人？ 5. 扶養小孩的經濟問題，可能會影響到哪些人？			
4-3-5	三、綜合活動 (一) 問題與討論 總結第一部分及第二部分，針對情境中的角色進行討論： 1. 如果我是小玫，我會…… 2. 如果我是阿華，我會…… 3. 如果我是老師，我會…… 4. 如果我是小玫的媽媽，我會…… 5. 如果阿華的爸爸到學校，會發生什麼事？ 6. 我覺得____最可憐，因為…… 7. 我覺得____最可惡，因為…… ◎上述提問可請學生表達當時的心情、感覺及會有什麼反應。 (二) 發下學習單並說明寫法。 (三) 透過問答、觀察、紙筆、演練評量學生的學習狀況。	15分	觀察 問答 紙筆	 學習單

單元 2　尊重你我他（4-4）

單元名稱：尊重你我他	教學時間：50 分鐘
教學目標：	行為目標：
4-4 辨別性的迷思與自己對性錯誤的想法與行為。	4-4-1 能正確說出表達喜歡的方式不一定要透過身體接觸。 4-4-2 能明確知道並不是穿著暴露才有異性追求。 4-4-3 明確知道外表美麗不一定會吸引異性。 4-4-4 正確知道陰莖長短不代表性功能的強弱。 4-4-5 能知道性關係不完全等於愛情。

行為目標	教學活動	教學時間	評量方式	教學資源
	一、準備活動 引起動機：播放國健局《真愛值得等待》影片（http://www.young.gov.tw/flash/index.htm），請學生做選擇，並分享選擇的原因。	10 分		《真愛值得等待》影片
	二、發展活動 (一) 播放情境故事影片 1. 見光碟「情境故事劇本(2)」 　志傑很喜歡同學小惠，也很喜歡跟小惠玩，但是他的言語、行為、態度常常讓小惠覺得不舒服，他到底要怎樣表達他對小惠的喜歡？	10 分		影片 4-4-1
	(二) 情境故事提問 志傑跟小惠遇到一些煩惱，讓我們一起來幫忙他們吧！	15 分	問答 觀察	簡報檔
4-4-1	1. 身體的觸摸（影片 4-4-2） 　志傑：「我好喜歡她，很想抱著她、親她。」			影片 4-4-2

（續）

行為目標	教學活動	教學時間	評量方式	教學資源
	→喜歡有很多表現方式，可以多關心她、注意她的需要，不一定要透過身體的接觸。 小惠：「志傑又來了，動不動就摸我。」 →不管是同學、朋友、家人的說話或是動作，如果讓你覺得不舒服，都要適時地說出來。			
4-4-2	2. 外表與身材（影片 4-4-3） 志傑：「我喜歡長得漂亮的女生，尤其是衣服穿得很少。」 →喜歡一個人，除了外表、身材，更重要的是個性與態度，是不是很好相處，對同學、師長有沒有禮貌。 小惠：「長得很漂亮的人，一定很多男生喜歡。」		問答 觀察	影片 4-4-3
4-4-3	→外表並不能決定一個人的人緣，個性、態度與行為比外表更重要。			
4-4-4	3. 陰莖與性功能（影片 4-4-4） 志傑：「如果我的陰莖也很長，性能力也會很好。」 →陰莖長短並不會影響性功能，影響性功能的主要原因在勃起能力，而非陰莖長短。		問答	影片 4-4-4
4-4-5	4. 性行為（影片 4-4-5） 志傑：「男女朋友就應該有性行為。」 →不一定要有性行為才叫男女朋友。 小惠：「志傑說不跟他發生性行為就是不愛他，那怎麼辦呢？」		問答	影片 4-4-5

（續）

行為目標	教學活動	教學時間	評量方式	教學資源
	→性≠愛。無論是什麼人，都不應該強迫對方發生性行為。			
	三、綜合活動	10分		
	(一) 複習本次課程內容			
	1. 給男生的建議：			
4-4-1	(1)喜歡有很多表現方式，可以多關心她、注意她的需要，不一定要透過身體的接觸。			
4-4-1	(2)喜歡一個人，除了外表、身材，更重要的是個性與態度，是不是很好相處，對同學、師長有沒有禮貌。			
4-4-4	(3)陰莖長短並不會影響性功能，影響性功能的主要原因在勃起能力，而非陰莖長短。			
4-4-5	(4)不一定要有性行為才叫男女朋友。			
	2. 給女生的建議：			
	(1)不管是同學、朋友、家人，如果他們的說話或是動作讓你覺得不舒服，都要適時地說出來。			
4-4-3	(2)外表並不能決定一個人的人緣，個性、態度與行為比外表更重要。			
4-4-5	(3)性≠愛。無論是什麼人，都不應該強迫對方發生性行為。			
	(二) 發下學習單並說明解題方式。	5分	紙筆	學習單
	(三) 透過問答、觀察、紙筆評量學生的學習狀況。			

單元 2 尊重你我他（4-5）

單元名稱：尊重你我他	教學時間：50 分鐘
教學目標： 4-5 辨別自己的行為是否引起對方的不舒服（或被侵犯）的感覺。	行為目標： 4-5-1 能正確分辨出會引起自己不舒服的行為。 4-5-2 能正確分辨出會引起他人不舒服的行為。 4-5-3 能正確說出不可以隨便觸碰別人。 4-5-4 能明確知道偷窺是不好的行為。 4-5-5 能明確知道穿著暴露可能會被騷擾。

行為目標	教學活動	教學時間	評量方式	教學資源
	一、準備活動 (一) 複習先前課程 (二) 引起動機 播放社會新聞簡報檔，請同學討論。（公車之狼、性騷擾……等） (三) 播放情境故事影片，請同學分組討論。 故事大綱： 1. 影片一（4-5-1）： 因為志傑一直很喜歡小惠，常常去鬧小惠，希望引起她的注意。某天在打掃時間時，志傑看到小惠一個人在走廊擦玻璃…… 2. 影片二（4-5-2）： 因為志傑對小惠很有好感，常常藉機會接近她，或和同學一起鬧她，看到小惠生氣，就覺得小惠有注意到他。這天志傑和同學在走廊上遇到小惠，並且和同學到廁所偷看小惠上廁所……	5 分 10 分	觀察	簡報檔 新聞案例 影片 4-5-1 影片 4-5-2

（續）

行為目標	教學活動	教學時間	評量方式	教學資源
	二、發展活動			
	(一) 上課教材以 power point 呈現。	20 分		簡報檔
4-5-1	(二) 詢問同學別人做出哪些事情，會讓自己感到不舒服，有受侵犯的感覺？		問答	
	（言語、被偷摸、被偷窺、遇到色狼）			
4-5-2	(三) 如果對別人做出這些事，是不是也會讓其他人感到不舒服？			
4-5-3	(四) 情境故事提問			
	1. 志傑在影片一裡和小惠說了些什麼？			
	→穿得清涼一點，會引起男生的注意。			
	2. 小惠應該照志傑所說的去做嗎？穿得清涼一點？			
	→不要，因為並不是穿得清涼就會有人喜歡。			
4-5-5	3. 若是小惠穿得比較清涼，可能會發生什麼事？			
	→比較容易被騷擾。			
	4. 影片二中，志傑和同學去廁所做什麼？			
	→偷窺。			
4-5-4	5. 偷窺這個行為是對的還是錯的？為什麼？			
	→錯的，因為沒有禮貌，而且算是性騷擾。			
	三、綜合活動			
	(一) 複習今天上課內容。	15 分		
	(二) 發下學習單並說明寫法。			
	(三) 透過問答、觀察、紙筆評量學生的學習狀況。		紙筆	學習單

單元 **2** 尊重你我他（4-6）

單元名稱：尊重你我他	教學時間：50 分鐘
教學目標： 4-6 辨別自己和他人對於人際交往間的想法與感受的相異點。	行為目標： 4-6-1 能說（指）出與人相處的正確觀念。 4-6-2 能正確說出與人相處間常見的問題。 4-6-3 能正確說出他人對於自己不友善的人際交往態度。

行為目標	教學活動	教學時間	評量方式	教學資源
	一、準備活動 (一) 引起動機 請學生發表自己曾與他人發生過爭吵的事件內容。	10 分		簡報檔
	二、發展活動 (一) 情境故事簡述 志傑喜歡小惠有一段時間了，但志傑不知如何表達自己內心的喜歡，所以常常做一些行為來引起小惠的注意，但沒想到卻有意想不到的結果。 (二) 情境故事 播放影片 4-6 (三) 情境故事提問	10 分		影片 4-6
4-6-1	1. 志傑對小惠不正確的行為有哪些？		問答 觀察	
4-6-2	2. 為什麼志傑會對小惠有這樣的舉動？			
4-6-3	3. 如果你是小惠，有人趁機觸摸你，該怎麼辦？ 4. 如果你是小惠，有人欺負你，該怎麼辦？			

（續）

行為目標	教學活動	教學時間	評量方式	教學資源
4-6-1	(四) 情境故事倒轉 1. 志傑喜歡小惠，他可以選擇如何表達自己內心的感覺？ 　選擇一：用言語表達 　選擇二：適時幫忙小惠	15 分	演練	
4-6-2	2. 當志傑欺負小惠時，小惠可以怎麼做？ 　選擇一：告訴老師 　選擇二：探討志傑為何會這樣			
4-6-3	3. 志傑應該如何對待小惠？ 　選擇一：誠心誠意 　選擇二：不愚弄他人及開玩笑			
	三、綜合活動 (一) 複習志傑與他人相處不正確的方法。 (二) 複習與他人相處應有的正確觀念。 (三) 複習他人（志傑）對於自己（小惠）不友善態度的處理方式。 (四) 發下學習單並說明寫法。 (五) 透過問答、指認、觀察、紙筆評量學生的學習狀況。	15 分	紙筆	學習單

單元 **3** 色情網站，讚不讚？（4-7~4-9）

單元名稱：色情網站，讚不讚？	教學時間：50分鐘
教學目標：	行為目標：
4-7 辨別從事性有關的事物與其他事物的衝突。 4-8 辨別自己對從事性有關的事物所引起的不好影響。 4-9 能針對自己在性有關的事物不好的影響，提出改進的方法。	4-7-1 能說出從事與性有關的事物。 4-7-2 能說出從事性有關的事物會造成哪些衝突。 4-8-1 能說出從事性有關的事物會對自己在時間上造成哪些不好的影響。 4-8-2 能說出從事性有關的事物會對自己在金錢上造成哪些不好的影響。 4-8-3 能說出從事性有關的事物會對自己在體力上造成哪些不好的影響。 4-8-4 能說出從事性有關的事物會對自己在人際關係上造成哪些不好的影響。 4-8-5 能說出從事性有關的事物可能會負哪些責任。 4-9-1 能針對自己因從事性有關的事物所造成的不良影響，提出改進的方法。

行為目標	教學活動	教學時間	評量方式	教學資源
4-7-1 4-7-2	**一、準備活動** (一) 引起動機 1. 播放社會時事新聞案例之投影片。 2. 請同學針對案例內容進行小組討論。 3. 小組分享討論結果。 4. 重複上列三步驟討論不同案例。 **二、發展活動** (一) 情境故事簡述：見光碟「情境故事劇本(3)」 阿志是班上的學藝股長，上課很認真也時常幫老師收作業，是老師的	10分 25分	 問答 觀察	新聞案例

（續）

行為目標	教學活動	教學時間	評量方式	教學資源
4-8-3 4-8-4	好幫手。因為在學校表現得很好，所以回家之後只要他寫完作業，爸爸都會讓他有半小時的時間用電腦。最近爸爸發現阿志不像以前是在玩電腦遊戲，現在用電腦幾乎都在上網。奇怪的是阿志一發現有人靠近電腦就趕快關掉網頁，本來跟爸爸說好每天最多上網半個小時，現在也常常藉故延長上網的時間。學校的老師也發現最近的阿志怪怪的，作業都沒有按時交，考試的水準也比以前下降許多，午餐也只是到福利社買麵包。平常同學在吃完午餐後都會找阿志到校園裡玩，但最近因為阿志身體不太健康，在大家吃午餐的時候就已經睡著了，所以同學也漸漸與阿志疏離。爸爸也說阿志以前都會和爸媽一起看電視，最近阿志只要有時間就抱著電腦，但是卻不知道阿志到底在做什麼事？			
4-8-5 4-9-1	一天阿志的爸爸收到法院的傳單，後來發現阿志因為在網路上散布色情圖片而觸犯刑法第 235 條，可能會被罰錢或是被警察抓起來。經過這件事情阿志嚇到了，老師告訴阿志幾個方法讓阿志不要一直想上網。老師告訴他可以在有空的時候多看好書，多做些運動，選擇健康的電視節目，幫爸媽打掃，從事正當的休閒活動，多和爸爸媽媽、兄弟姊妹聊聊天，多參加社區活動，或是請爸爸媽媽安裝過濾軟體等等……。其實很多方法可以讓自己不要一直上色情網站。			

（續）

行為目標	教學活動	教學時間	評量方式	教學資源
	(二) 情境故事劇本			
	故事大綱（影片 4-7-1）		問答	影片 4-7-1
4-8-1	阿志：現在三點鐘，爸媽應該都睡覺了。		觀察	
4-8-2	阿志：哇塞，這個讓我看到五點也看不完啊！			
	阿志：怎麼這麼多，而且好漂亮喔。好熱喔。			
	阿志：怎麼這麼慢啊，趕快。			
	阿志：哇好多喔，而且每個人都好漂亮喔。			
	阿志：可是要付錢，這邊都看得差不多了，來看另外的。			
	阿志：喔這個。哇塞，好像很不錯的樣子耶！			
	阿志：到底要跟誰聊天呢？			
4-8-1	影響一（影片 4-8-1）			影片 4-8-1
	阿志：哇塞！啊這麼晚了喔。			
	阿志：唉唷！但是我的作業還有好多還沒有寫完耶！而且這個作業好難喔，都不太會寫。			
	阿志：等一下再寫好了。可是再不寫明天怎麼辦？			
	阿志：唉唷！怎麼還這麼多。			
	阿志：算了算了不理它了啦！明天去學校再說啦！			
4-8-1	影響二（影片 4-8-2）			影片 4-8-2
4-8-4	爸爸：阿志阿志，阿志開門！			
	阿志：是爸爸耶！			
	爸爸：你在做什麼？			
	阿志：我在寫作業。			
	爸爸：寫作業喔！很辛苦喔！			
	阿志：老師都出好多作業喔，我寫不完。			

（續）

行為目標	教學活動	教學時間	評量方式	教學資源
	爸爸：我看你寫很久了，是不是最近要考試了。 阿志：對啊，最近要考試了。 爸爸：寫了好幾個小時了，吃飽飯寫到現在好幾個小時了耶，你要不要休息一下。 阿志：沒關係啦我趕快把它寫完。 爸爸：還有多少作業？ 阿志：還有好多張，這張寫完還有好多。 爸爸：看你寫好幾個小時，現在很晚了耶，會不會肚子餓？ 阿志：有點餓耶！但是我作業還沒寫完。 爸爸：爸爸先帶你去夜市吃點東西。 阿志：沒關係，我先寫作業好了。 爸爸：我們很久沒有一起出去了，每次要找你出去，你都待在家寫作業。 阿志：可是我的作業還沒寫完，不然我們下次再去好了。 爸爸：夜市有很多好吃的，蚵仔煎鐵板燒很好吃耶！我昨天才發現有很好吃的，我們一個小時就回來了！ 阿志：不要啦！不然爸爸你幫我買回來啦！ 爸爸：那你功課哪裡不會我教你。 阿志：我會啦！ 爸爸：沒關係，爸爸教你。 阿志：很快就寫完了，我會啦！我要很多時間寫。 爸爸：因為很少有機會跟你去逛街聊天，每次你都在寫功課。			

（續）

行為目標	教學活動	教學時間	評量方式	教學資源
4-8-4	阿志：喔，對啊！ 爸爸：好啦你寫功課吧，早點把功課寫完早點休息，那爸爸先回去房間。 阿志：好。 阿志：哇！這裡好多漂亮的人喔！ 影響三（影片 4-8-3） 阿睿：阿志你看我最近新練的運球。你看你看，你有沒有在看啊！你在看什麼啦？ 阿睿：你剛剛是不是在看那個色情網站對不對？ 阿志：沒有啦。 阿睿：哪沒有，我看我看。 阿志：我是去「學習加油站」。 阿睿：你騙人啦！ 阿志：我在算數學。 阿睿：你騙人。 阿志：我在算數學。 阿睿：我要去學校跟同學講。 阿志：真的啦！我在算數學。 阿睿：想不到你是這種人。 阿志：真的啦，你看是「學習加油站」啊。 阿睿：你這樣子我真的要去學校跟同學講。 阿志：沒有啦我明明就在寫數學。 阿睿：約你打球你不去，然後在看這個。 阿志：我就在寫數學嘛。 阿睿：算了算了，重色輕友不是朋友。 阿志：我就在寫數學嘛，唉唷，沒有啦！			影片 4-8-3

（續）

行為目標	教學活動	教學時間	評量方式	教學資源
4-8-4	影響四（影片 4-8-4） 阿志：喂，看電影喔！但是我沒有空耶。 阿志：你說什麼？你說要去看電影喔！但是我等一下沒有時間啦。那我們下次再去好了，好不好。那就先這樣了，掰掰。 阿志：怎麼一堆人打電話來啊！把電話拿起來好了。			影片 4-8-4
4-8-3	影響五（影片 4-8-5） 老師：各位同學大家早。 同學們：早！ 老師：怎麼沒什麼精神哩？ 敏睿：早！（再一次向老師打招呼） 老師：好，那今天老師要教的是「健康的身體」。好，我們要做什麼事，身體才會健康啊？阿全，你說。 阿全：嗯……運動。 老師：運動。好，你有沒有做什麼運動？ 敏睿：打球。 老師：你喔？ 敏睿：嗯！ 老師：敏睿打球喔！ 敏睿：嗯！ 老師：好！打什麼球哩？ 敏睿：羽毛球。 老師：好，嗯，不錯，很好的運動！我也喜歡打羽毛球。 敏睿：老師，他睡著了。 老師：阿志，阿志，起床，起床，才早上第一節課耶，怎麼在			影片 4-8-5

（續）

行為目標	教學活動	教學時間	評量方式	教學資源
	睡覺？起來，起來，老師問你喔，要做什麼事身體才會健康？ 阿志：哎呀！不知道啦！ 老師：什麼不知道，上課不能睡覺你不知道嗎？這件事要知道吧！起來，等一下再睡著我要打電話叫爸爸來喔。 阿志：哎呀，不要啦！不要啦！ 老師：好！敏睿那再講一個吧！除了運動以外還要怎麼樣身體才會健康？ 敏睿：晚上早點睡。 老師：對！晚上早點睡。那晚上早點睡叫什麼？ 同學們：早睡。 老師：好！早睡，晚上早點睡。 同學們：早起。（阿志咳嗽） 老師：對對對，不能說很早睡很晚起。早睡早起。 阿全：老師你看阿志又在睡覺了。（阿志咳嗽） 老師：阿志。 阿全：老師，阿志好像生病了！ 老師：生病了嗎？是生病了嗎？生病了所以起不來喔！ 阿志：哎唷！身體怪怪的。 老師：怪怪的，昨天晚上做什麼事？ 敏睿：他很晚睡。 老師：啊！你怎麼知道？ 阿全：他晚上都上色情網站。 老師：啊！（老師很驚訝）不要告訴我這種事。（對著阿志）真的嗎？阿志、阿志、阿志。（叫不醒）			

（續）

行為目標	教學活動	教學時間	評量方式	教學資源
4-9-1	影響六 參加某些色情網站活動會違法。 方法一（影片 4-9-1） 阿志：哇！這裡面的故事好有趣喔！而且啊，這個人他好孝順喔！嗯，我一定要趕快把它看完！ 方法二（影片 4-9-2） 方法三（影片 4-9-3） 方法四之一（影片 4-9-4） 妹妹：耶！終於洗好了。 哥哥：對啊，今天好快喔！ 妹妹：對啊，有哥哥幫我洗最好了！你看看，我可以洗好快喔！哥哥我希望你每天都能幫我洗碗耶！ 方法四之二（影片 4-9-5） 妹妹：哥哥，我擦好了，你掃好了嗎？ 哥哥：我也掃好了。 妹妹：好了喔！有兩個人做真是快。 哥哥：對啊！好快喔！ 妹妹：之前我一個人又要掃地，又要擦桌子，要花我好多時間。耶！有哥哥幫忙真好！ 方法五之一（影片 4-9-6） 方法五之二（影片 4-9-7） 方法六（影片 4-9-8） 爸爸：阿志，你今天怎麼有空跟我們坐下來吃東西、聊天啊？ 阿志：我作業寫完了。 爸爸：喔～很難得耶！妹妹你看，阿志今天作業寫完了。 妹妹：對呀！哥哥以前都寫好晚，都先玩電動。			影片 4-9-1 影片 4-9-2 影片 4-9-3 影片 4-9-4 影片 4-9-5 影片 4-9-6 影片 4-9-7 影片 4-9-8

（續）

行為目標	教學活動	教學時間	評量方式	教學資源
	爸爸：對啊！從來都不跟我們聊天，今天好難得喔！			
	妹妹：對呀！哥哥最近都寫得比較快喔！			
	爸爸：老師也打電話來說，阿志在學校都已經比較少打瞌睡了，都比較認真了。			
	阿志：嗯！（自己滿意的點頭）			
	爸爸：改進很多。對啊！			
	方法七（如簡報檔圖示）			
	方法八（影片4-9-9）			影片4-9-9
	爸爸：最近發現阿志好像常常上色情網站。對了，朋友告訴我有一個國家通訊傳播委員會的網站可以下載過濾軟體。我來試試看，讓阿志不要再進去這個網站。從這裡進去，然後下載。第一個步驟下載這個檔案，然後儲存，存到我的電腦裡，這裡步驟都寫得很清楚，我只要按照這樣下載，就可以把這個軟體下載到我的電腦裡。			
	三、綜合活動	15分		
	(一) 複習今天上課內容。			
	(二) 發下學習單並說明寫法。		紙筆	學習單
	(三) 透過問答、指認、觀察、紙筆評量學生的學習狀況。			

二 單元設計架構圖

單元 1

衝動,要不要(各50分鐘)

4-1 辨別引起個人不當性衝動的情境。
4-2 避免不當性衝動的情境。
4-3 了解性行為的責任與後果。

第4章
健康的性態度
與
價值觀的建立

單元 2

尊重你我他(各50分鐘)

4-4 辨別性的迷思與自己對性錯誤的想法與行為。
4-5 辨別自己的行為是否引起對方的不舒服(或被侵犯)的感覺。
4-6 辨別自己和他人對於人際交往間的想法與感受的相異點。

單元 3

色情網站,讚不讚?(50分鐘)

4-7 辨別從事性有關的事物與其他事物的衝突。
4-8 辨別自己對從事性有關的事物所引起的不好影響。
4-9 能針對自己在性有關的事物不好的影響,提出改進的方法。

㊂ 教學目標

單元 1 衝動，要不要

4-1 辨別引起個人不當性衝動的情境。

　　4-1-1 能說（指）出引起不當性衝動的刺激事物。

　　4-1-2 能正確說出性衝動的生理特徵。

　　4-1-3 能正確說（指）出圖示中可能會引起性衝動的發生地點。

4-2 避免不當性衝動的情境。

　　4-2-1 能正確說（做）出如何拒絕引起不當性衝動的刺激物。

　　4-2-2 能明確表示在性衝動發生地點應該離開。

　　4-2-3 能正確模仿如何拒絕引起不當性衝動的動作。

4-3 了解性行為的責任與後果。

　　4-3-1 能正確說出當發生性行為後可能懷孕。

　　4-3-2 能正確說出不當性行為對於生活的影響。

　　4-3-3 能正確指出引發懷孕的行為是性行為。

　　4-3-4 了解與他人發生不當性行為是錯誤的。

　　4-3-5 能與他人分享扮演其他角色的看法。

單元 2 尊重你我他

4-4 辨別性的迷思與自己對性錯誤的想法與行為。

　　4-4-1 能正確說出表達喜歡的方式不一定要透過身體接觸。

　　4-4-2 能明確知道並不是穿著暴露才有異性追求。

　　4-4-3 明確知道外表美麗不一定會吸引異性。

　　4-4-4 正確知道陰莖長短不代表性功能的強弱。

　　4-4-5 能知道性關係不完全等於愛情。

4-5 辨別自己的行為是否引起對方的不舒服（或被侵犯）的感覺。

4-5-1 能正確分辨出會引起自己不舒服的行為。

4-5-2 能正確分辨出會引起他人不舒服的行為。

4-5-3 能正確說出不可以隨便觸碰別人。

4-5-4 能明確知道偷窺是不好的行為。

4-5-5 能明確知道穿著暴露可能會被騷擾。

4-6 辨別自己和他人對於人際交往間的想法與感受的相異點。

4-6-1 能說（指）出與人相處的正確觀念。

4-6-2 能正確說出與人相處間常見的問題。

4-6-3 能正確說出他人對於自己不友善的人際交往態度。

單元 3　色情網站，讚不讚？

4-7 辨別從事性有關的事物與其他事物的衝突。

4-7-1 能說出從事與性有關的事物。

4-7-2 能說出從事性有關的事物會造成哪些衝突。

4-8 辨別自己對從事性有關的事物所引起的不好影響。

4-8-1 能說出從事性有關的事物會對自己在時間上造成哪些不好的影響。

4-8-2 能說出從事性有關的事物會對自己在金錢上造成哪些不好的影響。

4-8-3 能說出從事性有關的事物會對自己在體力上造成哪些不好的影響。

4-8-4 能說出從事性有關的事物會對自己在人際關係上造成哪些不好的影響。

4-8-5 能說出從事性有關的事物可能會負哪些責任。

4-9 能針對自己在性有關的事物不好的影響，提出改進的方法。

4-9-1 能針對自己因從事性有關的事物所造成的不良影響，提出改進的方法。

四 教材設計說明

單元 1 衝動，要不要（4-1〜4-3）

本教案從社會案例開始，提醒學生社會案例可能是發生在自身生活中的事情，透過情境影片的播放，運用故事倒轉方式，讓學生知道在哪些時間點是可以選擇不同行為模式，再結合角色扮演的方式，讓學生能設身處地為該角色思考。

綜合社會案例與情境故事歸納引起不當性衝動之情境因子，及分析可能產生的後果，透過情境故事的延續，使學生將教材與生活經驗緊密結合，而減少學生學習遷移的阻力。

單元 2 尊重你我他（4-4〜4-6）

本教案從性迷思開始，分析其中學生因錯誤認知，而引起的不適切行為，並從自我認知與人際差異間的探討，澄清錯誤認知與行為，並導向學生如何避免因錯誤認知、錯誤行為所引起的問題與責任。

單元 3 色情網站，讚不讚？（4-7〜4-9）

本教案從社會案例開始，提醒學生社會案例可能是發生在自身生活中的事情，透過情境短片的播放，讓學生更容易了解上色情網站所帶來的影響。透過情境故事，使學生將教材與生活經驗緊密結合，而減少學生學習遷移的阻力。

五　教學建議

單元 1　衝動，要不要

1. 教材所附之社會案例為設計當時之案例，教師在教學時可加入近期社會新聞案例。
2. 本教材學習單設計 A、B 版（教案 A 適用對象為中、重度智障者，教案 B 適用對象為輕度智障者），教師可視學生程度使用適當學習單作為評量依據。

單元 2　尊重你我他

1. 教材所附之社會案例為設計當時之案例，教師在教學時可加入近期社會新聞案例，教學過程中，亦可將班級、學校發生之案例加入課程。
2. 本教材學習單設計 A、B 版（教案 A 適用對象為中、重度智障者，教案 B 適用對象為輕度智障者），教師可視學生程度使用適當學習單作為評量依據。

單元 3　色情網站，讚不讚？

1. 教材所附之社會案例為設計當時之案例，教師在教學時可加入近期社會新聞案例。
2. 本教材學習單設計 A、B 版（教案 A 適用對象為中、重度智障者，教案 B 適用對象為中度、輕度智障者），教師可視學生程度使用適當學習單作為評量依據。

六 參考資源

1. 網路電子報／社會版（http://1-apple.com.tw/）

2. 全國法規資料庫（http://law.moj.gov.tw/）

3. 台北市社會局性騷擾防治教育訓練教材（進階版）（http://www.dosw. taipei.gov.tw/i/i0300.asp？fix_code=2607007&group_type=2&l1_code= 26&l2_code=07）

4. 價值澄清法（http://zh.wikipedia.org/wiki/%E5%83%B9%E5%80%BC% E6%BE%84%E6%B8%85%E6%B3%95）

5. 兩性平等教育資訊網／防治宣導影片（http://www.gender.edu.tw/acad-emy/index_videos.asp）

6. 周玫君（主編）（1997）。**性侵害防治教戰手冊**。台中：國立台中特殊教育學校。

7. 李宜芳（2008）。**享權利忘義務——從未成年性行為談起**，取自http:// hre.pro.edu.tw/zh.php？m=16&c=457

8. 性別平等教育全球資訊網（http://www.gender.edu.tw/law/index_law.asp？ page=2）

9. 社會科教學研究室（http://www.tacocity.com.tw/fish2020）

七 教學簡報

單元 1 衝動，要不要（4-1）

編號	簡報	編號	簡報
1	LOGO 第四章 健康的性態度與價值觀的建立 第一單元 衝動，要不要 （4-1）辨別引起個人不當性衝動的情境	2	社會時事及新聞案例 給予人有性衝動犯案的機會— 友弟借宿睡同房，女大學生遭性侵。 婦女團體認為：「太大意了！」
3	社會時事及新聞案例 一名女大學生，好心讓朋友的弟弟借宿一晚，兩人共處一室，她讓出床，自己睡地板，不料半夜竟被朋友弟弟強壓在地板上性侵得逞。警方調查後發現，「女方和對方並不熟識，就把他帶進室裡，實在太不小心，讓人有機可乘。」警方日前依妨害性自主罪將男子函送法辦。	4	社會時事及新聞案例 引狼入室 警方調查，嫌犯陳姓男子（二十一歲）目前在金門當兵，陳嫌姊姊和被害女子（二十二歲）是打工時認識的朋友，被害女子與陳男曾在公司聚會場合見過幾次面，某日突然接到陳嫌電話，自稱因被派到台中榮總照顧住院的長官，隔天早上八時要報到，要求到她租的套房借住一晚。
5	社會時事及新聞案例 男女共處一室夜半遭侵 被害人告訴警方：「剛開始其實覺得有些不妥，後來想想，與他姊姊交情不錯，且幾次見面時感覺他人遇滿老實，覺得應該無妨，就答應他的要求。」陳嫌晚上近十時抵達被害女子租屋處，一進門見到床鋪躺在下舖睡著了。被害人當時讀書準備畢業考，洗好澡就寢時已是隔天凌晨兩點。但她剛躺在地板睡著不久，突然覺得有人撫她，遂想強脫她睡衣，她驚醒後想制止陳嫌，但雙手被對方緊抓住動彈不得。	6	社會時事及新聞案例 民調近半認為怪不得人 勵馨基金會執行長紀惠容說：「這名被害人真是太好心，太大意了！」嫌犯完全是利用被害者的善良，作為加害的手段。中市西屯分局家暴官說：「異性朋友無論交情如何，絕對不要獨處，確保自身安全。」 現代婦女基金會執行長姚淑文指出，東方女性多被教導順服，對感覺不適合的要求，不好意思拒絕，姚淑文建議：「女性應勇於說不，拒當爛好人！」

編號	簡報	編號	簡報
7	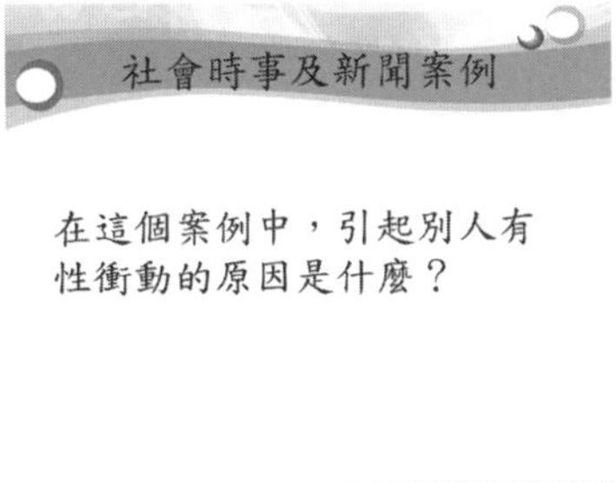 社會時事及新聞案例 在這個案例中，引起別人有性衝動的原因是什麼？	8	 情境故事影片(4-1-1)#
9	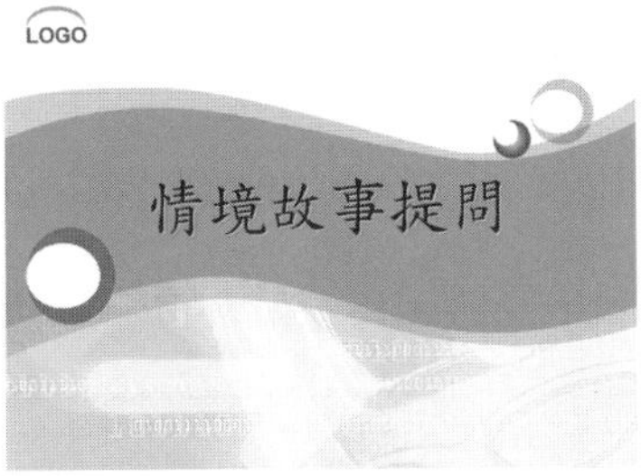 LOGO 情境故事提問	10	 阿華對小玫做了什麼事？ 擁抱　　握手　　打籃球
11	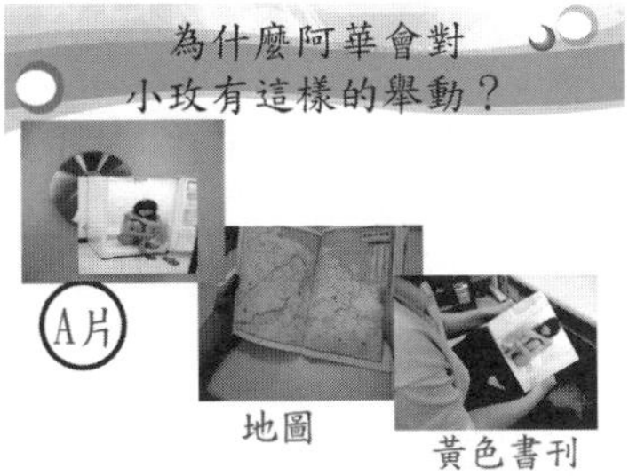 為什麼阿華會對小玫有這樣的舉動？ A片　　地圖　　黃色書刊	12	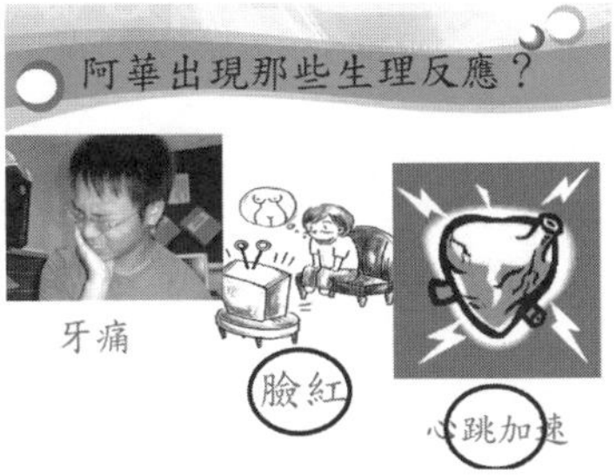 阿華出現那些生理反應？ 牙痛　　臉紅　　心跳加速
13	 事件發生的地點在哪？ 活動廣場　　廚房	14	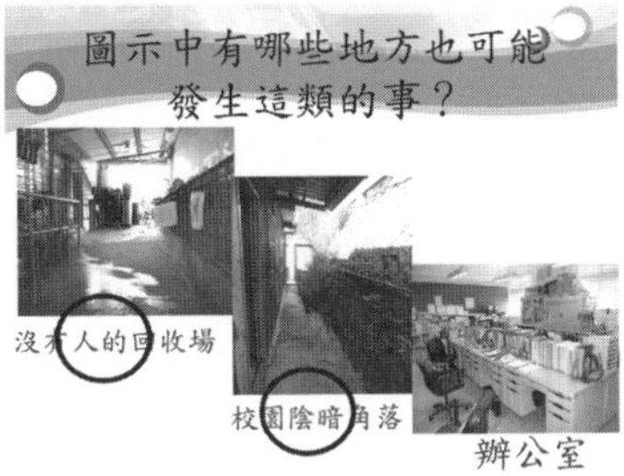 圖示中有哪些地方也可能發生這類的事？ 沒有人的回收場　　校園陰暗角落　　辦公室

編號	簡報	編號	簡報
15	**角色扮演**	16	角色 ❖小玫、小芸、阿華、阿睿、老師
17	情境一 阿華在房間翻來覆去睡不著，坐起來發一下呆，就跑到客廳去看電視 阿華：今天的電視真無聊 （轉著電視頻道，突然看到激情畫面） 看這個好像……不太好……	18	情境二 小玫：小芸，我覺得頭好暈！好想吐哦！ 小芸：老師！小玫說她頭暈很想吐。 （跑去找老師） 老師：小玫，你怎麼了？可能中暑了。小芸，請你帶小玫去健康中心。 阿睿：老師啊，你應該叫阿華陪她去的，不然阿華會生氣哦！
19	情境三 阿華陪小玫走在校園內，經過辦公室、沒有人的教室，經過活動廣場時，眼見四下無人，阿華腦中浮現昨晚電視裡的畫面，他突然反身抱住小玫，臉湊過去要親吻小玫……	20	LOGO 學習單
21	學習單A版 一、請圈選出容易引發性衝動的刺激 （請在文字上畫圈） A片　　黃色書刊　　地圖	22	學習單A版 二、請圈選出容易引起性衝動的生理反應 （請在文字上畫圈） 心跳加速　　臉紅　　牙痛

編號	簡報	編號	簡報
23	學習單 A版 三、請圈選出容易引起性衝動的地方 （請在文字上畫圈） 沒有人的田牧場　校園陰暗角落　辦公室	24	學習單 B版 一、下列敘述對的請打○，錯的請打× 1、（　）只要是我喜歡，有什麼不可以。 2、（　）男女朋友應該時常單獨待在沒有人的地方 3、（　）別人不可以隨意觸碰我的身體。 4、（　）新聞發生的事，也可能發生在我身上。 5、（　）女生應該與男朋友發生性關係這才是愛的表現。
25	學習單 B版 二、選填題：請將正確選項之代號填入＿＿內。 1、性衝動有那些生理反應：＿＿、＿＿。 2、什麼東西可能引起衝動：＿＿、＿＿。 3、有哪些地方也可能發生性騷擾：＿＿＿＿。 (A)辦公室　　　(B)黃色書刊　　(C)臉紅 (D)校園陰暗角落　(E)地圖　　　(F)牙痛 (G)心跳加速　　(H)A片　　　(I)頭暈		

單元 **1** 衝動，要不要（4-2）

編號	簡報	編號	簡報
1	LOGO 第四章 健康的性態度與價值觀 第一單元　衝動，要不要 （4-2）避免不當性衝動的情境	2	情境故事影片（重播4-1-1#） 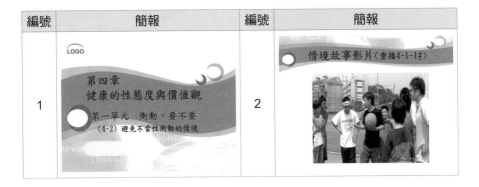

編號	簡報	編號	簡報
3	情境故事提問??	4	事件發生的地點在哪？ 活動廣場　　廚房
5	如果我們在這些地方該怎麼辦？	6	阿華該怎麼拒絕這些刺激？
7	LOGO 情境故事倒轉	8	1. 阿華看到電影中激情畫面時，他可以選擇怎麼做？ 選擇一　　　選擇二 轉台　　　　離開現場
9	2. 在阿睿起鬨要阿華陪小玫去健康中心時，小玫可以選擇怎麼做？ 選擇一　　　選擇二 主動說不　　避免單獨和異性相處	10	3. 同樣情境下，阿華又可以選擇怎麼做？ 選擇一　　　選擇二 拒絕同學的玩笑　澄清自己的立場

編號	簡報	編號	簡報
11	4.當阿華要親吻小玫時，小玫可以選擇怎麼做？ 選擇一　　　　選擇二 大叫　　　　盡快離開現場 嚇阻阿華的行為	12	拒絕不當性衝動可以有哪些動作？ 轉移視線　繼續觀賞　關掉
13	下列哪一個是拒絕的動作？	14	學習單
15	學習單 A版 一、請圖選出能拒絕引起不當性衝動的動作 （請在文字上畫圖） 轉移視線　繼續觀賞　關掉	16	學習單 A版 二、下列哪一個圖為拒絕的動作請在（ ）中✓？ A（ ）　　B（ ）
17	學習單 A版 三、下列哪些地方不應單獨前往？（畫O或X）	18	學習單 B版 一、選擇題 （ ）1.請問下列何者為拒絕引起不當性衝動的動作？ (1)轉移視線　　(2)繼續觀賞 （ ）2.當遇到容易引起不當性衝動的刺激時我們應該？ (1)什麼都不做　　(2)離開刺激 （ ）3.阿華看到電影中激情畫面時，他可以選擇怎麼做？ (1)轉台　　(2)繼續看 （ ）4.當阿華要親吻小玫時，小玫怎麼做才是正確的選擇？ (1)不要做任何反抗　　(2)大叫，並嚇阻阿華的行為

編號	簡報	編號	簡報
19	學習單 B版 二、下列敘述對的請打○，錯的請打✕ （　）1.只要是我喜歡有什麼不可以？ （　）2.引起不當性衝動時應該什麼都不做？ （　）3.男生有性衝動是不好的？ （　）4.女生應該同意男朋友的任何要求？	20	學習單 B版 三、請圈選出能拒絕引起不當性衝動的動作 （請在文字上畫圈） 轉移視線　　繼續觀賞　　關掉

單元 1　衝動，要不要（4-3）

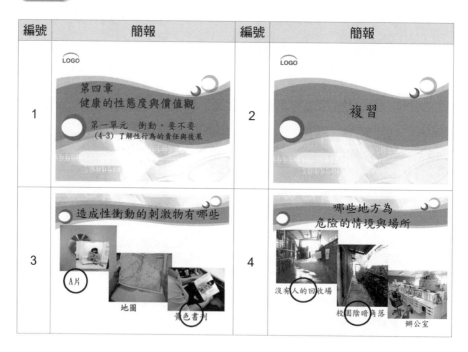

編號	簡報	編號	簡報
1	LOGO 第四章 健康的性態度與價值觀 第一單元　衝動，要不要 （4-3）了解性行為的責任與後果	2	LOGO 複習
3	造成性衝動的刺激物有哪些 A片　　地圖　　誨色書刊	4	哪些地方為 危險的情境與場所 沒有人的回收場　校園陰暗角落　辦公室

編號	簡報	編號	簡報
5	拒絕不當性衝動 有哪些動作？ 轉移視線　繼續看　關掉	6	LOGO 角色扮演
7	角色 小玫、小芸、阿華、小玫媽媽、老師	8	故事大綱 小玫跟阿華是男女朋友， 有天老師發現小玫懷孕了， 請他們的家長到學校來處理
9	第一幕 小玫在吃午餐前，覺得人不舒服 小玫：小芸，我人不舒服，好想吐哦！ 小芸：要不要我陪你去廁所呀？ 小玫：好	10	第二幕 小玫在廁所乾吐 小芸：你怎麼會這樣啊，好不舒服哦 小玫：（一直在吐） 小芸：這樣不行啦，我去告訴老師（跑去找老師） 老師到廁所 老師：小玫你怎麼了？ 小玫：不知道，我一聞到醬油味道就很想吐（一直在吐） 老師：（想了一下）你最近有沒有跟男生發生性行為？ 小玫：….（不敢說話） 老師：是不是阿華？ 小玫：（點頭）
11	第三幕 老師把阿華帶到辦公室 老師：你有沒有事要告訴老師 阿華：….沒有（害怕） 老師：真的沒有？？ 阿華：….沒有（小聲回答） 老師：你不能騙老師哦！真的沒事要告訴老師嗎？ 阿華：…有 老師：你說吧！ 阿華：我…跟小玫…有…..那個 老師：你們發生性行為？ 阿華：（點頭） 老師：我要連絡你們的家長過來處理	12	第四幕-1 小玫媽媽到學校 媽媽：老師，我們家小玫怎麼了？ 小玫：小玫，你自己跟媽媽說 小玫：我…不知道 老師：昨天我發現小玫在廁所嘔吐，好像懷孕了 媽媽：怎麼會！！我們家小玫這麼乖，怎麼會懷孕！！ 　　　小玫，你是不是跟別人亂來？ 小玫：（遲疑……點頭）

編號	簡報	編號	簡報
13	**第四幕-2** 媽媽：怎麼會這樣（生氣），我平常是怎麼教你的！ 小玫：媽媽我知道錯了 媽媽：這樣你要怎麼上學，你要挺著大肚子來上課嗎？ 小玫：（搖頭） 媽媽：那小孩生出來你有辦法養嗎？ 小玫：（搖頭） 老師：媽媽，現在罵他也不是辦法，我們一起來想想怎麼解決好了	14	LOGO 懷孕是……
15	**什麼情況下可能會懷孕？** 握手　親吻 擁抱　性行為	16	**與別人發生不當性行為的後果** ❖可能會懷孕 ❖是違法的行為 ❖可能會得到性病 ❖因為懷孕無法繼續上學
17	**問題與討論** ❖如果我是小玫，我會…… ❖如果我是阿華，我會…… ❖如果我是老師，我會…… ❖如果我是小玫的媽媽，我會…… ❖如果阿華的爸爸到學校，會發生什麼事？ ❖我覺得＿＿最可憐，因為…… ❖我覺得＿＿最可惡，因為…… ❖心情、感覺、行為反應	18	LOGO 學習單
19	**學習單 A版** 下面哪些情況可能會懷孕？ 握手　擁抱　性行為	20	**學習單 A版** 與他人發生性行為，可能會…？ 無法上學　懷孕　犯法

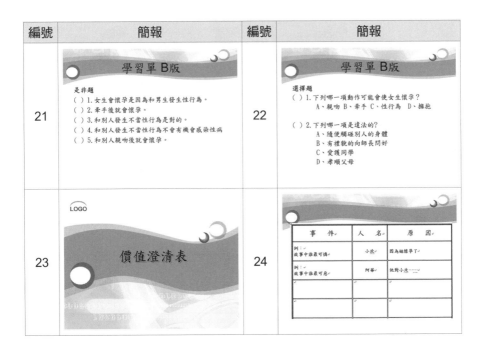

編號	簡報	編號	簡報
21	**學習單 B版** 是非題 （ ）1.女生會懷孕是因為和男生發生性行為。 （ ）2.牽手後就會懷孕。 （ ）3.和別人發生不當性行為是對的。 （ ）4.和別人發生不當性行為不會有機會感染性病 （ ）5.和別人親吻後就會懷孕。	22	**學習單 B版** 選擇題 （ ）1.下列哪一項動作可能會使女生懷孕？ 　　A、親吻 B、牽手 C、性行為　D、擁抱 （ ）2.下列哪一項是違法的？ 　　A、隨便觸碰別人的身體 　　B、有禮貌的向師長問好 　　C、愛護同學 　　D、孝順父母
23	LOGO **價值澄清表**	24	事件 ／ 人名 ／ 原因 表格

單元 2　尊重你我他（4-4）

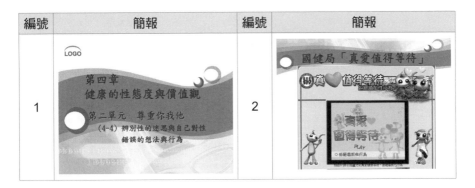

編號	簡報	編號	簡報
1	LOGO 第四章 健康的性態度與價值觀 第二單元　尊重你我他 （4-4）辨別性的迷思與自己對性 錯誤的想法與行為	2	國健局「真愛值得等待」

編號	簡報	編號	簡報
3	**情境故事影片**(影片 4-4-1#) 志傑和小惠的故事	4	LOGO **情境故事提問** 志傑跟小惠遇到一些煩惱， 讓我們一起來幫忙他們吧！
5	**身體的觸摸—男** 志傑：「我好喜歡她，很想抱著她、 親她。」 喜歡有很多表現方式，可以多關心 她、注意她的需要，不一定要透過 身體的接觸。	6	**身體的觸摸—女** 小惠：「志傑又來了，動不動就摸我。」 不管是同學、朋友、家人的說話 或是動作，如果讓你覺得不舒 服，都要適時地說出來。
7	**外表與身材—男** 志傑：「我喜歡長得漂亮的女生， 尤其是衣服穿得很少。」 喜歡一個人，除了外表、身材，更重要 的是個性與態度，是不是很好相處，對 同學、師長有沒有禮貌。	8	**外表與身材—女** 小惠：「長得很漂亮的人， 一定很多男生喜歡。」 外表並不能決定一個人的人緣，個 性、態度與行為比外表更重要。
9	**陰莖與性功能—男** 志傑：「如果我的陰莖也很長， 性能力也會很好。」 陰莖長短並不會影響性功能，影響 性功能的主要原因在勃起能力，而 非陰莖長短。	10	**性行為—男** 志傑：「男女朋友就應該有性行為。」 不一定要有性行為才叫男女朋友

編號	簡報	編號	簡報
11	**性行為—女** 小惠：「志傑說不跟他發生性行為就是不愛他，那怎麼辦呢？」 性≠愛。無論是什麼人，都不應該強迫對方發生性行為。	12	LOGO 給男生、女生的建議
13	**給男生的建議-1** ❖（1）喜歡有很多表現方式，可以多關心她、注意她的需要，不一定要透過身體的接觸。 ❖（2）喜歡一個人，除了外表、身材，更重要的是個性與態度，是不是很好相處，對同學、師長有沒有禮貌。	14	**給男生的建議-2** ❖（3）陰莖長短並不會影響性功能，影響性功能的主要原因在勃起能力，而非陰莖長短。 ❖（4）不一定要有性行為才叫男女朋友。
15	**給女生的建議** ❖（1）不管是同學、朋友、家人，如果他們的說話或是動作讓你覺得不舒服，都要適時地說出來。 ❖（2）外表並不能決定一個人的人緣，個性、態度與行為比外表更重要。 ❖（3）性≠愛。無論是什麼人，都不應該強迫對方發生性行為。	16	LOGO 學習單
17	**學習單 A** ❖下列敘述對的請在（　）內打∨ 1.（　）我喜歡他，就要常常碰他、摸他、抱他。 　（　）喜歡有很多表現方式，不是只有身體的接觸。 2.（　）外表不能決定一個人的人緣。 　（　）我長得越漂亮，穿得越美麗，大家一定會喜歡我。	18	**學習單 A** 3.（　）陰莖長短並不會影響性功能。 　（　）陰莖越長，性功能越強。 4.（　）發生過行為，才算男女朋友。 　（　）無論是什麼人，都不應該強迫對方發生性行為。 5.（　）男女朋友不一定會發生性行為。 　（　）不一定要有性行為才叫男女朋友。

編號	簡報	編號	簡報
19	學習單 B ❖ 選擇題：請選出適合的答案 1. （ ）下列何者是喜歡的表現方式？ 　　（1）欺負他，引起他的注意。 　　（2）看到他心情不好的時候，去關心他。 2. （ ）下列敘述何者正確？ 　　（1）外表不能決定一個人的人緣。 　　（2）我長得越漂亮，實得越美麗，大家一定 　　　　會喜歡我。	20	學習單 B 3. （ ）關於陰莖的敘述，何者正確？ 　　（1）影響性功能的主要原因是「勃起能力」。 　　（2）陰莖越長，性功能越強。 4. （ ）下面對性行為的敘述，何者錯誤？ 　　（1）發生過性行為，才算男女朋友。 　　（2）無論是什麼人，都不應該強迫對方發生性 　　　　行為。
21	學習單 B 5. （ ）關於男女朋友的描述，何者正確？ 　　（1）男女朋友不一定會發生性行為。 　　（2）不一定要有性行為才叫男女朋友。		

單元 2 尊重你我他（4-5）

編號	簡報	編號	簡報
1	LOGO 第四章 健康的性態度與價值觀 第二單元 尊重你我他 （4-5）辨別自己的行為是否引起對方 的不舒服（或被侵犯）的感覺	2	社會時事及新聞案例 **襲胸女客戶 按摩師罰五萬** 台中市一名五十歲視障按摩師，幫一名二十歲 女大學生按摩時，竟趁機撫摸其胸部，女大學 生當場抗議，按摩師竟說：「碰一下又不會怎 樣！」結果被判定蓄意性騷擾，罰款五萬元。

編號	簡報	編號	簡報
3	**社會時事及新聞案例** **「碰一下又不會怎樣！」** 該名女大學生遭按摩師襲胸後，曾經當面提出抗議，誰知對方不但不道歉，還拉著女大學生的手去碰自己的胸部，理直氣壯地說：「碰一下又不會怎樣！」	4	**社會時事及新聞案例** 事後女大學生一狀告到警局，雙方協調五萬元和解，女學生也撤銷告訴，但按摩師只付了五千元就避不見面，女學生憤而提告。視障師辯稱，因工作場合太狹窄，加上他眼盲看不到，才不小心碰到對方胸部。
5	LOGO **情境故事**	6	**故事大綱** ❖因為志傑一直很喜歡小惠，常常去鬧小惠，希望引起她的注意。告訴小惠可以穿清涼一點才會吸引男生的注意……
7	**影片一** 因為志傑一直很喜歡小惠，常常去鬧小惠，希望引起她的注意。某天在打掃時間時，志傑看到小惠一個人在走廊擦玻璃……	8	**故事大綱** ❖因為志傑對小惠很有好感，常常藉機會接近她，或和同學一起鬧她，看到小惠生氣，就覺得小惠有注意到他。這天志傑和同學在走廊上遇到小惠，並且和同學到廁所偷看小惠上廁所……
9	**影片二** ❖因為志傑對小惠很有好感，常常藉機會接近她，或和同學一起鬧她，看到小惠生氣，就覺得小惠有注意到他。這天志傑和同學在走廊上遇到小惠……	10	❖別人做出哪些事情，可能會使我們不舒服？ 偷窺 偷摸

編號	簡報	編號	簡報
11	❖換個角度想，如果對別人做出這些事情，也會引起別人的不舒服	12	情境提問
13	❖1.志傑在影片一裡和小惠說了些什麼？ 穿得清涼一點，會引起男生的注意	14	❖2.小惠應該照志傑所說的去做嗎？ 穿得清涼一點？ 不要，因為並不是穿得清涼就會有人喜歡
15	❖3.若是小惠穿得比較清涼，可能會發生什麼事？ 比較容易被騷擾	16	❖4.影片二中，志傑和同學去廁所做什麼？ 偷窺
17	❖5.偷窺這個行為是對的還是錯的？ 為什麼？ 錯的， 因為沒有禮貌，而且算是性騷擾	18	學習單A版

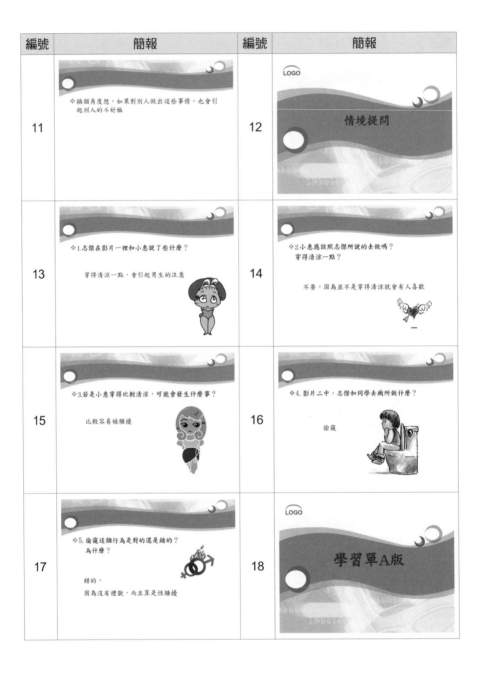

編號	簡報	編號	簡報
19	❖一、哪些行為是不對的，請在框框中打× 偷看別人上廁所　偷摸別人屁股　有禮貌	20	❖二、回答下列問題 1. 我的身體 _____（可以/不可以）隨便讓別人摸，也 _____（可以/不可以）隨便摸別人。 2. 偷看別人上廁所是 _____（對/不對）的行為，_____（會/不會）讓別人感到不舒服，絕對不可以有這樣的行為。
21	LOGO **學習單B版**	22	一、下列敘述對的請打○，錯的請打× （　）1. 可以隨便偷看別人。 （　）2. 穿得太清涼比較容易被騷擾。 （　）3. 可以隨便摸別人。 （　）4. 偷看別人上廁所是不對的行為。 （　）5. 穿得越清涼越不容易被騷擾。
23	二、在____空白中填入適當的詞，或圈選出正確答案 1. 我的身體 _____（可以/不可以）隨便讓別人摸，也 _____（可以/不可以）隨便摸別人。 2. 偷看別人上廁所是_____（對/不對）的行為，_____（會/不會）讓別人感到不舒服，絕對不可以有這樣的行為。 3. 穿著較清涼，比較 _____（會/不會）引起別人的騷擾。		

單元 **2** 尊重你我他（4-6）

編號	簡報	編號	簡報
1	LOGO 第四章 健康的性態度與價值觀的建立 第二單元 尊重你我他 (4-6)辨別自己和他人對於人際交往 間的想法與感受的相異點	2	**故事大綱** 志傑喜歡小惠有一段時間了，但志傑 不知如何表達自己內心的喜歡，所以常常 做一些行為來引起小惠的注意，但沒想到 卻有意想不到得結果……
3	情境故事影片	4	情境故事提問??
5	志傑對小惠有哪些不正確的行為？ 觸摸小惠的屁股 用掃把打小惠的屁股	6	為什麼志傑會對小惠 有這樣的舉動？ 志傑想要引起小惠的注意
7	如果你是小惠，有人趁機觸摸你， 你該怎麼辦？ 立即告訴老師請老師處理	8	如果你是小惠，有人欺負你， 你該怎麼辦？ 立即告訴老師請老師處理

編號	簡報	編號	簡報
9	LOGO 情境故事倒轉	10	1、志傑喜歡小惠，他可以選擇如何表達自己內心的感覺？ 選擇一　　　　　選擇二 用言語表達　　　適時幫忙小惠
11	2.當志傑欺負小惠時，小惠可以怎麼做？ 選擇一　　　　　選擇二 告訴老師　　　探討志傑為何會這樣	12	3.志傑應該如何對待小惠？ 選擇一　　　　　選擇二 誠心誠意　　　不愚弄他人及開玩笑
13	學習單	14	學習單 A版 一、當你喜歡某位同學，你可以用哪種方式？ （請在文字上畫圈） 告訴她　　適時幫助她　　罵她
15	學習單 A版 二、當有人欺負你時，你可以選擇如何做？ （請在文字上畫圈） 讓他繼續欺負　告訴老師　和他吵架	16	學習單 A版 三、志傑對小惠的態度哪項是正確的？ （請在文字上畫圈） 偷摸她的屁股　適時幫助她　把她弄哭

編號	簡報	編號	簡報
17	**學習單 B版** 一、選擇題 （　）1.當你喜歡某位同學，你的態度應該為？ 　　（1)用言語表達　　（2)開他引起注意 （　）2.當有人欺負你時你可以選擇如何做？ 　　（1)讓她欺負　　（2)告訴老師 （　）3.下列哪個選項是正確的人際關係交往態度？ 　　（1)欺負同學　　（2)誠心誠意 （　）4.下列志傑對小惠的態度哪項是正確的？ 　　（1)偷撰她的花般　　（2)當要幫忙時幫助她	18	**學習單 B版** 二、下列敘述對的請打○，錯的請打× （　）1.我可以欺負或嬉鬧同學？ （　）2.和人相處應該誠心誠意？ （　）3.我喜歡她，我就嬉鬧引起她的注意？ （　）4.我可以隨意觸摸別人的身體？

單元 3 色情網站，讚不讚（4-7～4-9）

編號	簡報	編號	簡報
1	第四章 健康的性態度與價值觀的建立 第三單元 色情網站，讚不讚？ 4-7 辨別從事性有關的事物與其他事物的衝突 4-8 辨別自己對從事性有關的事物所引起的不好影響 4-9 能針對自己在性有關事物不好的影響，提出改進方法	2	社會時事及新聞案例 「誤觸情色 將遭法辦！」 網路上有很多事物可以分享，例如好吃的東西、好玩的地方，哪裡買東西最便宜等等。不過如果是在網路上分享、下載情色照片、影片等，可能會因為觸法，而接到法院的傳單。
3	小組討論時間	4	分享討論的結果

編號	簡報	編號	簡報
5	HiNet色情守門員——為青少年網路安全把關 根據HiNet色情守門員統計資料顯示，每天平均約有2萬2千人次，嘗試登入成人情色網站。每天約顯示8萬7千多次攔截畫面。非暑假期間，每小時平均攔截數最高達6萬次；暑假開始，每小時平均攔截數超過8萬次。顯示青少年在家時間越長，越有機會接觸成人網站，值得家長重視。	6	小組討論時間
7	分享討論的結果	8	下載情色檔案遭法辦 有網友透過Foxy軟體下載情色圖片和影片來看，只是作為私人觀賞用，並沒有公開散布。卻不知Foxy內藏有木馬及駭客程式，把自己已下載的情色檔案再散布到網路上，網路警察循著IP追蹤回來，指稱這位網友到網站上張貼色情檔案，因而遭移送法辦。
9	小組討論時間	10	分享討論的結果
11	從事性有關的事物 上色情網站	12	上色情網站會和什麼事情衝突？

編號	簡報	編號	簡報
13	會犯法嗎？	14	身體健康狀況有不一樣嗎？
15	我和他一樣是好朋友嗎？	16	生活作息有不一樣嗎？
17	零用錢會減少嗎？	18	和爸媽在一起的「時間」有不一樣嗎？
19	讓我們想一想 上色情網站會有什麼不好的地方？	20	如果花很多時間上網那麼…

編號	簡報	編號	簡報
21	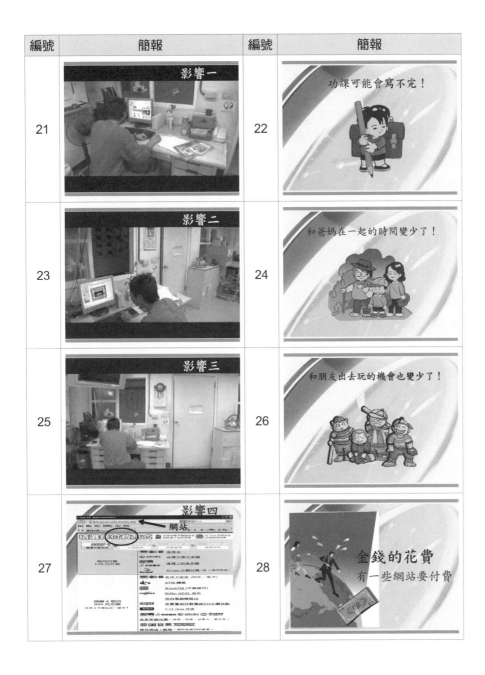	22	
23		24	
25		26	
27		28	

編號	簡報	編號	簡報
29	影響五	30	和朋友的關係變差
31	影響六	32	健康　不健康
33	影響七 參加某些色情網站活動會違法！	34	該怎麼讓這些事情 不要發生呢？
35	方法一#	36	1.多看好的書籍

編號	簡報	編號	簡報
37	方法二#	38	2.做運動 有哪些運動呢？
39	游泳	40	踢足球
41	跑步	42	打籃球
43	打棒球	44	騎腳踏車

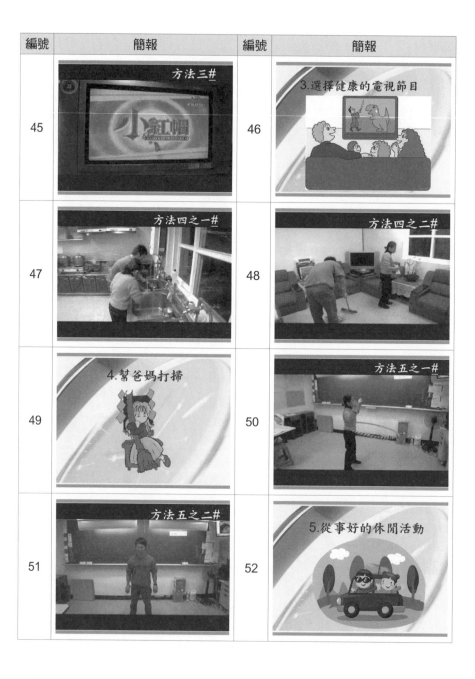

編號	簡報	編號	簡報
45	方法三#	46	3.選擇健康的電視節目
47	方法四之一#	48	方法四之二#
49	4.幫爸媽打掃	50	方法五之一#
51	方法五之二#	52	5.從事好的休閒活動

編號	簡報	編號	簡報
53	方法六#	54	6.和爸媽及兄弟姊妹多聊天
55	方法七	56	
57	7.多參加社區活動	58	方法八#
59	8.安裝過濾軟體	60	這樣你會了嗎?

八 學習單

單元 **1** （4-1）

學習單 A
單元名稱：衝動，要不要

學生姓名：　　　　　　　　　　　　　班級：　　年　　班

一、請圈選出容易引發性衝動的刺激（請在文字上畫圈）

　　A 片　　　　　　　　黃色書刊　　　　　　　　地圖

二、性衝動可能引起哪些生理反應？（請在文字上畫圈）

　　心跳加速　　　　　　　臉紅　　　　　　　　牙痛

三、哪些地方較容易引起性衝動？（請在文字上畫圈）

　沒有人的回收場　　　　校園陰暗角落　　　　　辦公室

單元 **1** （4-1）

學習單 B
單元名稱：衝動，要不要

學生姓名：　　　　　　　　　　　班級：　　年　　班

一、下列敘述對的請打○，錯的請打×

1.（　　）只要是我喜歡，有什麼不可以。

2.（　　）男女朋友應該時常單獨待在沒有人的地方。

3.（　　）別人不可以隨意觸碰我的身體。

4.（　　）新聞發生的事，也可能發生在我身上。

5.（　　）女生應該與男朋友發生性關係，這才是愛的表現。

二、選填題：請將正確選項之代號填入＿＿＿內

　　1. 性衝動有哪些生理反應：＿＿＿＿＿＿、＿＿＿＿＿＿。

　　2. 什麼東西可能引起性衝動：＿＿＿＿＿＿、＿＿＿＿＿＿。

　　3. 有哪些地方也可能發生性騷擾：＿＿＿＿＿＿＿。

　　(A)辦公室　　　　(B)黃色書刊　　(C)臉紅

　　(D)校園陰暗角落　(E)地圖　　　　(F)牙痛

　　(G)心跳加速　　　(H)A 片　　　　(I)頭暈

單元 **1** （4-2）

學習單 A

單元名稱：衝動，要不要

學生姓名：　　　　　　　　　　　　　　班級：　　年　　班

一、請圈選出能拒絕引起不當性衝動的動作（請在文字上畫圈）

　　　　轉移視線　　　　　　　　繼續觀賞　　　　　　　　　關掉

二、下列哪一個圖為拒絕的動作？請在（　　）中打✔

　　　　　　（　　）　　　　　　　　　　　（　　）

三、下列哪些地方不應單獨前往？（畫○或×）

單元 **1** （4-2）

學習單 B

單元名稱：衝動，要不要

學生姓名： 班級： 年 班

一、選擇題

1. （ ）請問下列何者為拒絕引起不當性衝動的動作？
   　　(1)轉移視線　　　　　　(2)繼續觀賞

2. （ ）當遇到容易引起不當性衝動的刺激時我們應該
   　　(1)什麼都不做　　　　　(2)離開刺激

3. （ ）阿華看到電影中激情畫面時，他可以選擇怎麼做？
   　　(1)轉台　　　　　　　　(2)繼續看

4. （ ）當阿華要親吻小玫時，小玫怎麼做才是正確的選擇？
   　　(1)不要做任何反抗　　　(2)大叫，並嚇阻阿華的行為

二、下列敘述對的請打○，錯的請打×

1. （ ）只要是我喜歡有什麼不可以。
2. （ ）引起不當性衝動時應該什麼都不做。
3. （ ）男生有性衝動是不好的。
4. （ ）女生應該同意男朋友的任何要求。

三、請圈選出能拒絕引起不當性衝動的動作（請在文字上畫圈）

轉移視線　　　　　　繼續觀賞　　　　　　關掉

單元 **1** （4-3）

學習單 A
單元名稱：衝動，要不要

學生姓名：　　　　　　　　　　　　班級：　　年　　班

一、下面哪些情況可能會懷孕？在框框內打○

握手

擁抱

性行為

二、與他人發生性行為，可能會……

無法上學

犯法

懷孕

單元 **1** （4-3）

學習單 B
單元名稱：衝動，要不要

學生姓名：　　　　　　　　　　　　班級：　　年　　班

一、是非題

1.（　）女生會懷孕是因為和男生發生性行為。

2.（　）握手後就會懷孕。

3.（　）和別人發生不當性行為是對的。

4.（　）和別人發生不當性行為不會有機會感染性病。

5.（　）親吻後就會懷孕。

二、選擇題

1.（　）下列哪一項動作可能會使女生懷孕？

　　　(1) 親吻　　　(2) 握手　　　(3) 性行為　　　(4) 擁抱

2.（　）下列哪一項是違法的？

　　　(1) 隨便觸碰別人的身體　　　(2) 有禮貌的向師長問好

　　　(3) 愛護同學　　　　　　　　(4) 孝順父母

單元 **2** （4-4）

學習單 A
單元名稱：尊重你我他

學生姓名：　　　　　　　　　　　　　班級：　　年　　班

下列敘述對的請在（　）內打✓

1. （　）我喜歡他，就要常常碰他、摸他、抱他。

   （　）喜歡有很多表現方式，不是只有身體的接觸。

2. （　）外表不能決定一個人的人緣。

   （　）我長得越漂亮，穿得越美麗，大家一定會喜歡我。

3. （　）陰莖長短並不會影響性功能。

   （　）陰莖越長，性功能越強。

4. （　）發生過性行為，才算男女朋友。

   （　）無論是什麼人，都不應該強迫對方發生性行為。

5. （　）男女朋友不一定會發生性行為。

   （　）不一定要有性行為才叫男女朋友。

單元 **2** （4-4）

學習單 B

單元名稱：尊重你我他

學生姓名：　　　　　　　　　　　　　　班級：　　年　　班

◎選擇題：請選出適合的答案

1. （　）下列何者是喜歡的表現方式？

　　　　(1)欺負他，引起他的注意。

　　　　(2)看到他心情不好的時候，去關心他。

2. （　）下列敘述何者正確？

　　　　(1)外表不能決定一個人的人緣。

　　　　(2)我長得越漂亮，穿得越美麗，大家一定會喜歡我。

3. （　）關於陰莖的敘述，何者正確？

　　　　(1)影響性功能的主要原因是「勃起能力」。

　　　　(2)陰莖愈長，性功能愈強。

4. （　）下面對性行為的敘述，何者錯誤？

　　　　(1)發生過性行為，才算男女朋友。

　　　　(2)無論是什麼人，都不應該強迫對方發生性行為。

5. （　）關於男女朋友的描述，何者正確？

　　　　(1)男女朋友不一定會發生性行為。

　　　　(2)不一定要有性行為才叫男女朋友。

單元 **2** （4-5）

學習單 A

單元名稱：尊重你我他

學生姓名： 班級： 年 班

一、哪些行為是不對的，請在框框中打✗

偷看別人上廁所	偷摸別人屁股	有禮貌

二、回答下列問題

1.我的身體＿＿＿＿＿＿＿＿（可以／不可以）隨便讓別人摸，也＿＿＿＿＿＿＿＿

（可以／不可以）隨便摸別人。

2.偷看別人上廁所是＿＿＿＿＿＿＿＿（對／不對）的行為，＿＿＿＿＿＿＿＿

（會／不會）讓別人感到不舒服，絕對不可以有這樣的行為。

單元 2 （4-5）

學習單 B
單元名稱：尊重你我他

學生姓名：　　　　　　　　　　班級：　　年　　班

一、下列敘述對的請打○，錯的請打╳

1. （　）可以隨便偷窺別人。

2. （　）穿得太清涼比較容易被騷擾。

3. （　）可以隨便摸別人。

4. （　）偷看別人上廁所是不對的行為。

5. （　）穿得越清涼越不容易被騷擾。

二、在＿＿＿＿＿＿空白中填入適當的詞，或圈選出正確答案

1. 我的身體＿＿＿＿＿＿（可以／不可以）隨便讓別人摸，也＿＿＿＿＿＿

　（可以／不可以）隨便摸別人。

2. 偷看別人上廁所是＿＿＿＿＿＿（對／不對）的行為，＿＿＿＿＿＿

　（會／不會）讓別人感到不舒服，絕對不可以有這樣的行為。

3. 穿著較清涼，比較＿＿＿＿＿＿（會／不會）引起別人的騷擾。

單元 2 （4-6）

學習單 A

單元名稱：尊重你我他

學生姓名：　　　　　　　　　　　　班級：　　年　　班

一、當你喜歡某位同學，你可以用哪種方式？（請在文字上畫圈）

| 告訴他 | 適時幫助他 | 罵他 |

二、當有人欺負你時，你可以選擇如何做？（請在文字上畫圈）

| 讓他繼續欺負 | 告訴老師 | 和他吵架 |

三、志傑對小惠的態度哪項是正確的？（請在文字上畫圈）

| 偷摸她的屁股 | 適時幫助她 | 把她弄哭 |

單元 **2** （4-6）

學習單 B
單元名稱：尊重你我他

學生姓名： 班級： 年 班

一、選擇題

1.（　）當你喜歡某位同學，你的態度應該是？

　　　　(1)用言語表達　　　　(2)鬧他引起注意

2.（　）當有人欺負你時，你可以選擇如何做？

　　　　(1)任由他欺負　　　　(2)告訴老師

3.（　）下列哪個選項是正確的人際關係交往態度？

　　　　(1)欺負同學　　　　(2)誠心誠意

4.（　）下列志傑對小惠的態度，哪項是正確的？

　　　　(1)偷摸她的屁股　　　　(2)需要幫忙時幫助她

二、下列敘述對的請打○，錯的請打×

1.（　）我可以欺負或嬉鬧同學？

2.（　）和人相處應該誠心誠意？

3.（　）我喜歡她，我就嬉鬧引起她的注意？

4.（　）我可以隨意觸摸別人的身體？

單元 3 （4-7～4-9）

學習單 A
單元名稱：色情網站，讚不讚？

學生姓名：　　　　　　　　　　　　　　　班級：　　年　　班

一、如果花很多時間上色情網站那麼會（請在文字上畫圈）

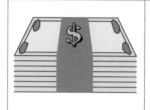  

賺很多錢　　　　　　身體不健康　　　　　　朋友變多

二、如果時常上網會讓自己和家人朋友（請在文字上畫圈）

常在一起聊天　　　　相處得不愉快　　　　　常出去玩

三、怎麼樣才可以減少上色情網站的時間？（請在文字上畫圈）

多看好書　　　　　　不寫功課　　　　　　做違法的事

單元 **3** （4-7～4-9）

學習單 B
單元名稱：色情網站，讚不讚？

學生姓名：　　　　　　　　　　班級：　　年　　班

一、下列敘述對的請打○，錯的請打×

1.（　）上色情網站是很好的休閒活動。

2.（　）上色情網站對我完全沒有影響。

3.（　）上色情網站不會影響健康。

4.（　）平常應該多和爸媽以及兄弟姊妹溝通。

5.（　）新聞發生的事，也可能發生在我身上。

6.（　）色情網站內容很棒，大家應該多多上色情網站。

7.（　）參加色情網站的活動完全沒有法律問題。

二、選填題：請將正確選項之代號填入＿＿＿＿＿內

1.上色情網站會有什麼不好的地方：

＿＿＿＿＿、＿＿＿＿＿、＿＿＿＿＿、＿＿＿＿＿。

2.有什麼方法可以讓我們不要上色情網站：

＿＿＿＿＿、＿＿＿＿＿、＿＿＿＿＿、＿＿＿＿＿。

(A)多看有益的書籍　　(B)身體不健康　　(C)幫爸媽打掃

(D)功課做不完　　(E)零用錢變少　　(F)安裝過濾軟體

(G)可能違法　　(H)從事好的休閒活動

九 評量表

單元 1 （4-1）

單元名稱：衝動，要不要

學生姓名：＿＿＿＿＿＿＿＿　　　　　班級：＿＿年＿＿班

評量方式：□紙筆；□問答；□觀察；□指認；□其他＿＿＿＿＿＿

行為目標	評量日期						%
4-1-1　能說（指）出引起不當性衝動的刺激事物							
4-1-2　能正確說出性衝動的生理特徵							
4-1-3　能正確說（指）出圖示中可能會引起性衝動的發生地點							

評量代號說明：
5-獨立完成，4-口語提示可完成，3-示範才能完成，2-部分肢體協助完成，
1-完全依賴協助，0-沒反應或沒學習意願

單元 **1** （4-2）

單元名稱：衝動，要不要

學生姓名：＿＿＿＿＿＿＿　　　　　班級：＿＿年＿＿班

評量方式：□紙筆；□問答；□觀察；□指認；□其他＿＿＿＿＿＿

行為目標	評量日期							%
4-2-1　能正確說（做）出如何拒絕引起不當性衝動的刺激物								
4-2-2　能明確表示在性衝動發生地點應該離開								
4-2-3　能正確模仿如何拒絕引起不當性衝動的動作								

評量代號說明：
5-獨立完成，4-口語提示可完成，3-示範才能完成，2-部分肢體協助完成，
1-完全依賴協助，0-沒反應或沒學習意願

單元 1 （4-3）

單元名稱：衝動，要不要

學生姓名：＿＿＿＿＿＿＿＿＿ 　　 班級：＿＿年＿＿班

評量方式：□紙筆；□問答；□觀察；□指認；□其他＿＿＿＿＿＿

行為目標	評量日期						%
4-3-1　能正確說出當發生性行為後可能懷孕							
4-3-2　能正確說出不當性行為對於生活的影響							
4-3-3　能正確指出引發懷孕的行為是性行為							
4-3-4　了解與他人發生不當性行為是錯誤的							
4-3-5　能與他人分享扮演其他角色的看法							

評量代號說明：
5-獨立完成，4-口語提示可完成，3-示範才能完成，2-部分肢體協助完成，
1-完全依賴協助，0-沒反應或沒學習意願

單元 **2** （4-4）

單元名稱：尊重你我他

學生姓名：＿＿＿＿＿＿＿　　　　　　班級：＿＿年＿＿班

評量方式：□紙筆；□問答；□觀察；□指認；□其他＿＿＿＿＿

行為目標	評量日期						%
4-4-1 能正確說出表達喜歡的方式不一定要透過身體接觸							
4-4-2 能明確知道並不是穿著暴露才有異性追求							
4-4-3 明確知道外表美麗不一定會吸引異性							
4-4-4 正確知道陰莖長短不代表性功能的強弱							
4-4-5 能知道性關係不完全等於愛情							

評量代號說明：
5-獨立完成，4-口語提示可完成，3-示範才能完成，2-部分肢體協助完成，
1-完全依賴協助，0-沒反應或沒學習意願

單元 ❷ （4-5）

單元名稱：尊重你我他

學生姓名：＿＿＿＿＿＿＿＿　　　　　　班級：＿＿＿年＿＿＿班

評量方式：□紙筆；□問答；□觀察；□指認；□其他＿＿＿＿＿＿

行為目標	評量日期							%
4-5-1　能正確分辨出會引起自己不舒服的行為								
4-5-2　能正確分辨出會引起他人不舒服的行為								
4-5-3　能正確說出不可以隨便觸碰別人								
4-5-4　能明確知道偷窺是不好的行為								
4-5-5　能明確知道穿著暴露可能會被騷擾								

評量代號說明：
5-獨立完成，4-口語提示可完成，3-示範才能完成，2-部分肢體協助完成，
1-完全依賴協助，0-沒反應或沒學習意願

單元 **2** （4-6）

單元名稱：尊重你我他

學生姓名：＿＿＿＿＿＿　　　　　　班級：＿＿＿年＿＿＿班

評量方式：□紙筆；□問答；□觀察；□指認；□其他＿＿＿＿＿＿

行為目標	評量日期			%
4-6-1　能說（指）出與人相處的正確觀念				
4-6-2　能正確說出與人相處間常見的問題				
4-6-3　能正確說出他人對於自己不友善的人際交往態度				

評量代號說明：
5-獨立完成，4-口語提示可完成，3-示範才能完成，2-部分肢體協助完成，
1-完全依賴協助，0-沒反應或沒學習意願

單元 3 （4-7～4-9）

單元名稱：色情網站，讚不讚？

學生姓名：＿＿＿＿＿＿＿＿　　　　班級：＿＿年＿＿班

評量方式：□紙筆；□問答；□觀察；□指認；□其他＿＿＿＿＿＿＿

行為目標	評量日期							%
4-7-1　能說出從事與性有關的事物								
4-7-2　能說出從事性有關的事物會造成哪些衝突								
4-8-1　能說出從事性有關的事物會對自己在時間上造成哪些不好的影響								
4-8-2　能說出從事性有關的事物會對自己在金錢上造成哪些不好的影響								
4-8-3　能說出從事性有關的事物會對自己在體力上造成哪些不好的影響								
4-8-4　能說出從事性有關的事物會對自己在人際關係上造成哪些不好的影響								
4-8-5　能說出從事性有關的事物可能會負哪些責任								
4-9-1　能針對自己因從事性有關的事物所造成的不良影響，提出改進的方法								

評量代號說明：
5-獨立完成，4-口語提示可完成，3-示範才能完成，2-部分肢體協助完成，
1-完全依賴協助，0-沒反應或沒學習意願

CHAPTER

⑤ 節育與生育

▌陳金茂

一 教案

單元 1 避孕方法（5-1）

單元名稱：避孕方法	教學時間：50 分鐘
教學目標： 5-1 能了解各種避孕方法。	行為目標： 5-1-1 能了解各種常見避孕方法的種類。 5-1-2 能依自己的需求選擇適合的避孕方法。

行為目標	教學活動	教學時間	評量方式	教學資源
	一、準備活動：那是什麼？ (一) 老師指著簡報檔的紅色、綠色等各形各色保險套問學生：那是什麼東西？那是什麼東西？那是什麼東西？各位同學知道嗎？引導學生注意各形各色保險套，希望引發學習動機。	1 分	觀察 評量	簡報檔
	(二) 老師發問：如果有一天你結婚了，在夫妻性生活中需要避孕時，你會選擇哪一種保險套來使用呢？請同學舉手回答分享想法。	2 分	觀察 評量	簡報檔

（續）

行為目標	教學活動	教學時間	評量方式	教學資源
	(三) 老師總結：要達到避孕的方法有很多種，引導學生期待介紹各種避孕方法的教學活動。			
	二、發展活動：避孕有一套			
5-1-1	(一) 播放情境故事影片《學姊又懷孕了》	5 分	問答評量	影片 5-1-1
	(二) 情境故事簡述			
	1. 某位畢業的學姊已經生了一個兩歲女兒，現在回到學校看老師時，又挺著大肚子，讓老師十分擔心！	5 分		
	2. 呈現學姊沒有節育與避孕觀念所造成的後果。			
	3. 總結避孕方法有很多種，可以依據自己的需要選擇其中一種避孕方法。			
	(三) 情境故事相關提問	2 分	觀察評量	簡報檔
	學姊沒有節育與避孕觀念會造成怎樣的後果？			
5-1-1 5-1-2	(四) 進行避孕的方法與原理教學活動	15 分		簡報檔
	教學活動結束後，發下學習單說明寫法後，請每一位學生完成。	5 分	紙筆	學習單
	三、綜合活動：避孕方法的選擇			
5-1-2	(一) 播放情境故事影片《結婚生子課題的討論》	5 分		影片 5-1-2
	(二) 情境故事簡述			
	1. 某位老師和學生在課堂上討論結婚生子，及避孕方法選擇的相關課題。			
	2. 呈現老師和學生討論：想結婚，但是不想生小孩的問題，及適合採取哪一種避孕方式。			
	3. 呈現老師和學生討論：想結婚，同時也想生小孩的問題，及適合採取哪一種避孕方式。			

（續）

行為目標	教學活動	教學時間	評量方式	教學資源
5-1-2	4. 呈現老師和學生討論：有些女生常常跟男生出去約會，不小心懷孕的問題，及要避免約會懷孕適合採取的避孕方式。 5. 總結避孕方法有很多種，可以依據自己的需要選擇其中一種最適合的避孕方式。 (三) 情境故事相關提問 1. 請問各位同學：想結婚，但是不想生小孩的人，適合採取的避孕方式有哪些？ 2. 請問各位同學：想結婚，同時也想生小孩的人，適合採取的避孕方式有哪些？ 3. 請問各位同學：有些女生常常跟男生出去約會的人，適合採取的避孕方式有哪些？	5分	問答評量	簡報檔
	(四) 發下學習單說明寫法後，請每一位學生完成。	5分	紙筆	學習單

單元 2　受孕過程徵兆與保健（5-2～5-3）

單元名稱：受孕過程徵兆與保健	教學時間：50 分鐘
教學目標： 5-2　能了解受孕過程與徵兆。 5-3　能了解受孕期間的保健。	行為目標： 5-2-1　能了解受孕過程。 5-2-2　能了解受孕過程徵兆。 5-3-1　能了解受孕期間保健的重要。 5-3-2　能了解受孕期間的保健常識。

行為目標	教學活動	教學時間	評量方式	教學資源
	一、準備活動：有看見過大肚子的孕婦嗎 (一) 老師藉著發問：「在上學途中或逛街時，有看見過大肚子的孕婦嗎？」希望引發學習動機。 (二) 老師進而發問：「為什麼懷孕的女生肚子會變大？」的原因，請同學舉手回答分享想法，希望引發深入學習探究的動機。 (三) 老師總結：其實婦女受孕的過程是很複雜的，引導學生期待介紹受孕過程與徵兆的教學活動。	3 分	觀察評量	簡報檔
5-2-2	二、發展活動：孕婦的心聲 (一) 播放情境故事簡報檔——孕婦的心聲 (二) 情境故事簡述 1. 某位孕婦已經懷胎八個月，她告白心聲，呈現懷孕過程產生種種徵兆的心情故事。 2. 總結懷孕過程會產生種種徵兆是很正常的。	3 分		簡報檔
5-2-2	(三) 情境故事相關提問 1. 請問各位同學，為什麼孕婦的肚子會變大？	4 分	問答評量	簡報檔

（續）

行為目標	教學活動	教學時間	評量方式	教學資源
	2. 請問各位同學，聽完「孕婦的心聲」後，你發現了哪些孕婦懷孕過程所產生的徵兆呢？			
5-2-1	三、綜合活動：受孕過程與徵兆 (一) 進行受孕過程的教學活動。	15 分		簡報檔
5-2-2	(二) 進行受孕過程徵兆的教學活動。			
	(三) 發下學習單說明寫法後，請每一位學生完成。	5 分	紙筆	學習單
5-3-1	四、發展活動：疑神疑鬼的孕婦 (一) 播放情境故事簡報檔──疑神疑鬼的孕婦	5 分		簡報檔
	(二) 情境故事簡述			
	1. 某位孕婦已經懷胎三個月，她深受懷孕過程徵兆的影響，最近總是疑神疑鬼，擔心東擔心西。			
	2. 呈現受孕期間的保健非常重要。			
5-3-2	(三) 情境故事相關提問			
	請問各位同學，這位疑神疑鬼的孕婦的事件，讓你想到孕婦懷孕期間應該要注意到哪些保健呢？	3 分	問答評量	簡報檔
5-3-2	五、綜合活動：受孕過程的保健常識			
	(一) 進行受孕期間的保健常識的教學活動。	7 分		簡報檔
	(二) 發下學習單說明寫法後，請每一位學生完成。	5 分	紙筆	學習單

單元 3　生產過程與產後保健（5-4～5-5）

單元名稱：生產過程與產後保健	教學時間：50 分鐘
教學目標： 5-4 能了解生產過程與可能的問題。 5-5 能了解產後的醫護與保健。	行為目標： 5-4-1 能了解生產過程。 5-4-2 能了解生產過程可能發生的問題。 5-5-1 能了解產後醫護保健的重要。 5-5-2 能了解產後的醫護與保健常識。

行為目標	教學活動	教學時間	評量方式	教學資源
	一、準備活動：你知道自己是怎麼生出來的嗎	2	觀察評量	簡報檔
	老師藉著發問：「你知道自己是怎麼生出來的嗎？」請同學舉手回答分享想法，希望引發學習動機。			
5-4-1	二、發展活動：無照接生婆新聞 (一) 播放情境故事投影片——無照接生婆新聞	5 分		簡報檔
	(二) 情境故事簡述			
	1. 一對年輕無知的夫婦為省接生費，請來無照的接生婆到家中接生，結果造成產婦難產。由於難產時間較長，嬰兒受擠壓的小腦袋已經變形，造成新生兒嚴重缺氧致使大腦損傷，可能造成終身殘疾。			
	2. 無照接生婆的接生對產婦與新生兒的健康已造成極大的影響。呈現生產過程可能會產生的問題。			
5-4-1	(三) 情境故事相關提問 1. 請問各位同學，你知道的生產過程有哪些？	3 分	問答評量	簡報檔
5-4-2	2. 請問各位同學，常見的生產過程可能發生的問題有哪些？			
5-4-1	三、綜合活動：生產過程與問題 (一) 進行生產過程的教學活動	12 分		簡報檔

（續）

行為目標	教學活動	教學時間	評量方式	教學資源
5-4-2	(二) 進行常見的生產過程可能發生的問題之教學活動。			
	(三) 發下學習單說明寫法後，請每一位學生完成。	5 分	紙筆	學習單
	四、發展活動：孕婦產後的心聲			
5-5-1	(一) 播放情境故事投影片——孕婦產後的心聲	5 分		簡報檔
	(二) 情境故事簡述			
	1. 某位孕婦已經產下女兒一年後，她告白抱怨「沒做好產後醫護與保健」的心聲。			
	2. 呈現產後醫護與保健非常重要。			
5-5-2	(三) 情境故事相關提問			
	請問各位同學，聽完「孕婦產後的心聲」後，你發現了哪些孕婦產後的醫護與保健常識呢？	3 分	問答評量	簡報檔
5-5-2	**五、綜合活動：產後的醫護與保健常識**			
	(一) 進行產後的醫護與保健常識的教學活動。	10 分		簡報檔
	(二) 發下學習單說明寫法後，請每一位學生完成。	5 分	紙筆	學習單

二　單元設計架構圖

單元 1

避孕方法（50分鐘）

5-1　能了解各種避孕方法。

第 5 章
節育與生育

單元 2

受孕過程徵兆與保健（50分鐘）

5-2　能了解受孕過程與徵兆。
5-3　能了解受孕期間的保健。

單元 3

生產過程與產後保健（50分鐘）

5-4　能了解生產過程與可能的問題。
5-5　能了解產後的醫護與保健。

三 教學目標

單元 **1** 避孕方法

5-1 能了解各種避孕方法。

    5-1-1 能了解各種常見避孕方法的種類。

    5-1-2 能依自己的需求選擇適合的避孕方法。

單元 **2** 受孕過程徵兆與保健

5-2 能了解受孕過程與徵兆。

    5-2-1 能了解受孕過程。

    5-2-2 能了解受孕過程徵兆。

5-3 能了解受孕期間的保健。

    5-3-1 能了解受孕期間保健的重要。

    5-3-2 能了解受孕期間的保健常識。

單元 **3** 生產過程與產後保健

5-4 能了解生產過程與可能的問題。

    5-4-1 能了解生產過程。

    5-4-2 能了解生產過程可能發生的問題。

5-5 能了解產後的醫護與保健。

    5-5-1 能了解產後醫護保健的重要。

    5-5-2 能了解產後的醫護與保健常識。

四 教材設計說明

單元 1 避孕方法（5-1）

　　本單元的教學重點在於協助學生能以健康正向的態度，了解各種避孕方法的原理；進而藉由課堂上團體討論及個人經驗分享，了解男女生理發展的差異，學會依自己的需求選擇適合的避孕方法。

　　所以教學活動設計主要是透過避孕方法部分，準備活動之教師教學的課前準備及學生暖身活動「那是什麼？」之情境，引發學生學習動機，引導學生期待介紹各種避孕方法的教學活動。然後老師透過發展活動播放情境故事影片《學姊又懷孕了》，及配合情境故事相關提問，引發學生動動腦，活絡學生參與學習活動的動機。最後老師運用綜合活動，以簡報檔進行避孕的方法教學活動，介紹各種避孕方法，並且配合請學生完成學習單之綜合活動，強化加深學生對各種避孕方法的了解。

　　進而透過避孕方法的選擇部分，老師藉由複習「避孕的方法與原理」之準備活動，希望引發學生的學習動機，讓學生具備能夠選擇適合的避孕方式的基礎能力。然後，老師於發展活動中播放情境故事影片《結婚生子課題的討論》，及透過情境故事相關提問，活絡學生參與學習活動的動機。配合綜合活動請學生完成學習單，讓學生學會依自己的需求選擇適合的避孕方法。整個教學活動過程是配合精心拍攝之動態媒體及精心編輯之簡報檔教材設計，再輔以依據教學內容設計的學生練習活動之學習單及評量表，有效地達成整個教學目標。

單元 2 受孕過程徵兆與保健（5-2～5-3）

　　本單元的教學重點在於協助學生了解受孕過程與徵兆概念；進而藉由課堂上團體討論及個人經驗分享，學會受孕期間的保健知識。

因此教學活動設計主要是透過受孕過程與徵兆部分，準備活動之教師教學的課前準備及學生暖身活動「有看見過大肚子的孕婦嗎？」及「懷孕的女生肚子會變大的原因？」之情境，引發學生學習動機，引導學生期待介紹受孕過程與徵兆的教學活動。然後老師透過發展活動播放情境故事簡報檔「孕婦的心聲」，配合情境故事相關提問，引發學生動動腦，活絡學生參與學習活動的動機。最後老師運用綜合活動，用簡報檔進行避孕的方法教學活動介紹「受孕過程」、「受孕過程徵兆」的教學活動，配合請學生完成學習單之綜合活動，強化加深學生對受孕過程與徵兆的了解。

進而透過受孕期間的保健部分，老師藉由「為什麼你會害怕呢？」之準備活動，希望引發學生的學習動機，讓學生具備能夠選擇適合的受孕期間保健的基礎能力。之後，老師於發展活動中播放情境故事簡報檔「疑神疑鬼的孕婦」，以及透過情境故事相關提問，活絡學生參與學習活動的動機。配合綜合活動請學生完成學習單，讓學生學會受孕期間的保健常識。整個教學活動過程是配合精心編輯之簡報檔教材設計，再輔以依據教學內容設計的學生練習活動之學習單及評量表，有效地達成整個教學目標。

單元 **3** 生產過程與產後保健（5-4～5-5）

本單元的教學重點在於協助學生了解生產過程與問題、產後的醫護與保健概念；進而藉由課堂上團體討論及個人經驗分享，學會產後的醫護與保健知識。

因此教學活動設計主要是透過生產過程與問題部分，準備活動之教師教學的課前準備及學生暖身活動「你知道自己是怎麼生出來的嗎？」之情境，引發學生學習動機，引導學生期待介紹生產過程與問題的教學活動。然後老師透過發展活動播放情境故事投影片「無照接生婆新聞」，及配合情境故事相關提問，引發學生動動腦，活絡學生參與學習活動的動機。最後老師運用綜合活動，用簡報檔進行「生產過程」、「生產過程可能發生的問題」的教學活動，及配合請學生完成學習單之綜合活動，強化加深學

生對生產過程與問題的了解。

　　進而透過產後的醫護與保健部分，老師透過「坐月子中心的廣告」之準備活動，希望引發學生的學習動機，讓學生具備產後的醫護與保健的基礎能力。然後，老師於發展活動中播放情境故事簡報檔「孕婦產後的心聲」，及透過情境故事相關提問，活絡學生參與學習活動的動機。配合綜合活動請學生完成學習單，讓學生學會產後的醫護與保健常識。整個教學活動過程是配合精心編輯之簡報檔教材設計，再輔以依據教學內容設計的學生練習活動之學習單及評量表，有效地達成整個教學目標。

五　教學建議

單元 1　避孕方法

　　建議教師在教學前，需要先做學生學習經驗分析，事先了解學生是否已具備兩性生殖器官的構造、男女交合的過程、精子與卵子結合會懷孕的基礎概念，及認知力、理解力、聯想力、參與力的學習基礎能力。能夠提供具備安靜不受干擾特質的教學環境，以便實施教學活動時使用，減少學生進行專注、聯想及活動進行的干擾。提供學生每人一份自編的教材，以便學生學後再複習使用。準備教具包括電腦、投影機、簡報檔教材、動態教學影片、計時設備，以作為教學活動之使用。

　　在教學過程要注意：學生聯想、參與學習動機的鼓勵及學習情境的掌握。藉由引導學生充分發表自己的意見，教師適時的給予回饋，鼓勵學生全體參與活動。能夠提供編製學習單及評量表，依學生程度區分輕度學生採用 A 卷、中重度學生採用 B 卷，全班每人一份作為測驗評量使用。對於中重度學生採用 B 卷時，請授課教師依題目內容為學生口語誦讀題目，協助學生做答，以避免學生因為識字量不足，造成無法回答問題之缺失。

單元 **2** 受孕過程徵兆與保健

建議教師在教學前，需要先做學生學習經驗分析，事先了解學生是否已具備男女交合的過程、精子與卵子結合會懷孕的基礎概念，及認知力、理解力、聯想力、參與力的學習基礎能力。能夠提供具備安靜不受干擾特質的教學環境，以便實施教學活動時使用，減少學生進行專注、聯想及活動進行的干擾。提供學生每人一份自編的教材，以便學生學後再複習使用。準備教具包括電腦、投影機、簡報檔教材、計時設備，以作為教學活動之使用。

在教學過程要注意：學生聯想、參與學習動機的鼓勵及學習情境的掌握。藉由引導學生充分發表自己的意見，教師適時的給予回饋，鼓勵學生全體參與活動。能夠提供編製學習單及評量表，依學生程度區分輕度學生採用 A 卷、中重度學生採用 B 卷，全班每人一份作為測驗評量使用。對於中重度學生採用 B 卷時，請授課教師依題目內容為學生口語誦讀題目，協助學生做答，以避免學生因為識字量不足，造成無法回答問題之缺失。

單元 **3** 生產過程與產後保健

建議教師在教學前，需要先做學生學習經驗分析，事先了解學生是否已具備生產的過程、產後醫護與保健的基礎概念，及認知力、理解力、聯想力、參與力的學習基礎能力。能夠提供具備安靜不受干擾特質的教學環境，以便實施教學活動時使用，減少學生進行專注、聯想及活動進行的干擾。提供學生每人一份自編的教材，以便學生學後再複習使用。準備教具包括電腦、投影機、簡報檔教材、計時設備，以作為教學活動之使用。

在教學過程要注意：學生聯想、參與學習動機的鼓勵及學習情境的掌握。藉由引導學生充分發表自己的意見，教師適時的給予回饋，鼓勵學生全體參與活動。能夠提供編製學習單及評量表，依學生程度區分輕度學生採用 A 卷、中重度學生採用 B 卷，全班每人一份作為測驗評量使用。對於

中重度學生採用 B 卷時，請授課教師依題目內容為學生口語誦讀題目，協助學生做答，以避免學生因為識字量不足，造成無法回答問題之缺失。

 參考資源

單元 **1** 避孕方法

1. 行政院衛生署國民健康局青少年網站（http://www.young.gov.tw/home.asp）

   • 教材百寶箱／愛的孕味／高中職教材／單元四愛的孕味.ppt（http://www.young.gov.tw/AudioFiles/38742_619768518504 單元四愛的孕味.ppt）

   • 教材百寶箱／愛的孕味／高中職教材／單元六致命交叉點教師手冊.ppt（http://www.young.gov.tw/AudioFiles/38742_617847222211）

2. 我的青春網（http://www.healthcity.net.tw/myyoungweb/st.html）

   • 我的青春網／安全的愛／如何避孕（http://www.healthcity.net.tw/myyoungweb/06_1.htm）

   • 我的青春網／安全的愛／關於保險套（http://www.healthcity.net.tw/myyoungweb/06_1.htm）

   註：有動態保險套的使用，適合保險套的使用教學說明時用。

3. 家計會性教育網頁（http://www.famplan.org.hk/sexedu/b5/index.asp）

   • 家計會性教育網站／動畫教室（http://www.famplan.org.hk/sexedu/B5/animation/animation.asp）

   • 家計會性教育網站／動畫教室／認識身體（男性生殖器官正面圖）（http://www.famplan.org.hk/sexedu/b5/animation/flash/male_sexual_organ_2/chi/index.htm）

   • 家計會性教育網站／動畫教室／認識身體（女性生殖器官正面

圖）（http://www.famplan.org.hk/sexedu/b5/animation/flash/female_sexual_organ_2/chi/index.htm）

- 家計會性教育網站／動畫教室／生命的起源（性交過程、受精過程）（http://www.famplan.org.hk/sexedu/b5/animation/flash/origin_of_birth/chi/index.htm）

- 家計會性教育網站／動畫教室／嬰兒出生過程（胎兒的成長、嬰兒的出生）（http://www.famplan.org.hk/sexedu/b5/animation/flash/origin_of_birth2/chi/index.htm）

- 家計會性教育網站／動畫教室／避孕知識／如何使用男用安全套（http://www.famplan.org.hk/sexedu/b5/animation/flash/male_condom/chi/index.htm）

- 家計會性教育網站／動畫教室／避孕知識／避孕原理（http://www.famplan.org.hk/sexedu/b5/animation/flash/contraception/chi/index.htm）

4. 黃元松、陳政友（主編）（2007）。**高中健康與護理課本第三冊**（頁 73-76）。台北：幼獅文化。

5. 劉青雲、萬彝芬、呂蘭花（編著）（2007）。**高職健康與護理課本第二冊教師用書**（頁 3-4）。台北：龍騰文化。

6. 晏涵文（主編）（2007）。**國中性教育教學輔助媒體教師手冊**（再版）（頁 65-70）。台北：台北縣政府衛生局。

7. 教育部性別平等教育全球資訊網（http://www.gender.edu.tw/）

- 教育部性別平等教育全球資訊網／課程教學／性別教學影片（http://www.gender.edu.tw/academy/index_videos_senior.asp#）

- 教育部性別平等教育全球資訊網／課程教學／性別教學影片（小學篇）（http://www.gender.edu.tw/academy/index_videos_junior.asp）

- 教育部性別平等教育全球資訊網／課程教學／性別教學影片／避孕與安全性行為（http://www.gender.edu.tw/academy/video/video_4-7.htm）

8. 身心障礙學生職業教育資源網站（http://www.cter.edu.tw/）
- 身心障礙學生職業教育資源網站／居家護理／性行為與懷孕（http://www.cter.edu.tw/edu/materialcontent.asp? sn=1560&materialtitle）
- 身心障礙學生職業教育資源網站／居家護理／用藥需知（http://www.cter.edu.tw/edu/materialcontent.asp? sn=1556&materialtitle）
- 身心障礙學生職業教育資源網站／居家護理／婚姻與家庭（http://www.cter.edu.tw/edu/materialcontent.asp? sn=1559&materialtitle）

9. 未成年懷孕求助站（http://257085.org.tw/）
- 未成年懷孕求助站／安全性行為／避孕 123 ／短期避孕：男用保險套（http://www.257085.org.tw/Content/Save3_1.asp? Ser_No=11）
- 未成年懷孕求助站／安全性行為／避孕 123 ／短期避孕：事前口服避孕藥（http://www.257085.org.tw/Content/Save3_1.asp? Ser_No=40）
- 未成年懷孕求助站／安全性行為／避孕 123 ／長期避孕：子宮內避孕器（http://www.257085.org.tw/Content/Save3_1.asp? Ser_No=12）

10. 少年阿毛的煩惱動畫遊戲（http://health99.doh.gov.tw/Game99Zone/Game99SorrowsYoung.aspx）

11. 男性結紮（http://www.charm3c.com.tw/operation.asp? pcl_upno=017&pcl_no=01706）

12. 認識子宮環（http://www.famplan.org.hk/sexedu/B5/classroom/Classroom_details.asp? clID=141）

13. 男用避孕套（http://w1.motherschoice.org/pages/index.asp? pg=sex_edu_sex_contraception_tw#condom）

14. 緊急避孕法 —— 子宮環（http://w1.motherschoice.org/pages/index.asp? pg=sex_edu_sex_contraception_tw#IUD）

15. 口服避孕丸（http://w1.motherschoice.org/pages/index.asp? pg=sex_

edu_sex_contraception_tw#pill）

16. 輸卵管結紮手術（http://w1.motherschoice.org/pages/index.asp？pg=
    sex_edu_sex_contraception_tw#tubal_ligation）

單元 2 受孕過程徵兆與保健

1. 二十三項孕婦生活中容易忽略的危險（http://tw.myblog.yahoo.com/
   jw! j9Wp4quLBB_UeNSUsA--/article? mid=1923）

2. 台灣近 9 成孕婦進補過頭寶寶未見壯自己體重超標（http://big5.hua-
   xia.com/xw/tw/00199100.html）

3. 孕婦內褲的材質介紹（http://www.mama123.com/b/ba/bab/
   bab_02090601/lower.php3）

4. 妊娠糖尿病——孕婦及胎兒的潛在危機（http://pr.hosp.ncku.edu.tw/
   modules/news/article.php? storyid=149）

5. 我是即將臨盆的產婦（http://www.wretch.cc/blog/kellyla/11924125）

6. 胎兒怕什麼（http://www.bbclub.com.tw/article.php? storyid=671）

7. 準媽媽的運動注意事項（http://www.cth.org.tw/00news/news04_
   911024_3.html）

8. 選擇孕婦裝的貼心小建議（http://blog.nownews.com/nolita/textview.
   php? file=220364）

9. 懷孕初期的各種症狀（http://www.babyexpert.com.hk/modules/
   smartsection/item.php? itemid=8）

10. 懷孕時應注意的基本事項（http://www.didimeme.com.tw/news+ar-
    ticle.storyid+192.htm）

11. 孕期營養大滿載（http://www.mama123.com/b/ba/bad/bad_02092701/
    lower.php3）

12. 孕婦也運動，孕婦飛輪正熱（http://www.uho.com.tw/hotnews.asp?
    aid=4070）

13. 如何克服害喜症狀？（http://www.babyexpert.com.hk/modules/smartsection/item.php? itemid=36）

14. 為何會有害喜症狀？（http://www.babyexpert.com.hk/modules/smartsection/item.php? itemid=35）

15. 順利生產六大環節（http://www.baby-life.com.tw/baby-mother.com.tw/2005/08/link-7.htm）

16. 孕婦吃得均衡就夠了（http://blog.nownews.com/nolita/textview.php?file=214997）

17. 家計會性教育網頁（http://www.famplan.org.hk/sexedu/）

    • 家計會性教育網站／動畫教室／認識身體（男性生殖器官正面圖）（http://www.famplan.org.hk/sexedu/b5/animation/flash/male_sexual_organ_2/chi/index.htm）

    • 家計會性教育網站／動畫教室／認識身體（女性生殖器官正面圖）（http://www.famplan.org.hk/sexedu/b5/animation/flash/female_sexual_organ_2/chi/index.htm）

    • 家計會性教育網站／動畫教室／生命的起源（性交過程、受精過程）（http://www.famplan.org.hk/sexedu/b5/animation/flash/origin_of_birth/chi/index.htm）

18. 身心障礙學生職業教育資源網站（http://www.cter.edu.tw/）

    • 身心障礙學生職業教育資源網站／生活教育／性行為與懷孕（http://www.cter.edu.tw/edu/materialcontent.asp? sn=1560&materialtitle）

    • 身心障礙學生職業教育資源網站／居家護理／性行為與懷孕（http://www.cter.edu.tw/edu/materialcontent.asp? sn=1560&materialtitle）

    • 身心障礙學生職業教育資源網站／居家護理／用藥需知（http://www.cter.edu.tw/edu/materialcontent.asp? sn=1556&materialtitle）

19. 國民健康局青少年網站——性福 e 學園（http://www.young.gov.tw/）

    - 教材百寶箱／愛的孕味／高中職教材／單元四愛的孕味.ppt（http://www.young.gov.tw/AudioFiles/38742_619768518504 單元四愛的孕味.ppt）

    - 教材百寶箱／愛的孕味／高中職教材／單元六致命交叉點教師手冊.ppt（http://www.young.gov.tw/AudioFiles/38742_617847222211）

20. 青少年性教育宣導光碟 DVD1-1.我從那裡來（http://health99.doh.gov.tw/ThemeZone/theme_detail.aspx？MainDataID=388&MainID=health005&Catid=50186）

21. 母乳——嬰兒最好的食物（http://www.mil.doh.gov.tw/defend/files/Pediatrics-04.pdf）

22. 孕婦用藥須知（http://www.kmu.edu.tw/~kmcj/data/9108/8.htm）

單元 3　生產過程與產後保健

1. 家計會性教育網站／動畫教室／嬰兒出生過程（胎兒的成長、嬰兒的出生）（http://www.famplan.org.hk/sexedu/b5/animation/flash/origin_of_birth2/chi/index.htm）

2. 分娩前可能會遇到的問題（http://www.babyexpert.com.hk/modules/smartsection/item.php？itemid=3）

3. 分娩過程中會遇到的問題（http://www.babyexpert.com.hk/modules/smartsection/item.php？itemid=4）

4. 青島野蠻接生婆（http://www.beelink.com/20050728/1895589.shtml）

5. 如何成功哺餵母乳及產後保健（http://www.lantan101.com/mum/mum1.php？id=14）

6. 產時的危險因子及生產方式的選擇（http://pr.hosp.ncku.edu.tw/modules/news/article.php？storyid=165）

7. 孕婦生產的八大危險狀況處理（http://blog.nownews.com/nolita/text-view.php? file=213704）

8. 孕期常見不適與如何做好月子（自助篇）（http://www.lantan101.com/mum/mum1.php? id=6）

9. 生產後會發生的問題（http://www.babyexpert.com.hk/modules/smartsection/item.php? itemid=5）

10. 婦女醫院產後護理（http://www.mama123.com/b/ba/bac/bac_02022001/lower.php3）

11. 產後如何坐月子（上篇）（http://www.didimeme.com.tw/news+article.storyid+195.htm）

12. 產後如何坐月子（下篇）（http://www.didimeme.com.tw/news+article.storyid+196.htm）

13. 順利生產六大環節（http://www.baby-life.com.tw/baby-mother.com.tw/2005/08/link-7.htm）

14. 國民健康局青少年網站／教材百寶箱／愛的孕味／高中職教材／單元四愛的孕味.ppt（http://www.young.gov.tw/AudioFiles/38742_619768518504單元四愛的孕味.ppt）

七　教學簡報

單元 1　避孕方法（5-1）

編號	簡報	編號	簡報
1	第五章　節育與生育 第一單元　避孕方法 (5-1)	2	請問那是什麼？
3	老師發問： · 如果有一天你結婚了，在夫妻性生活中需要避孕時，你會選擇哪一種保險套來使用呢？ · 請同學舉手回答分享想法。	4	學姐又懷孕了故事簡述 · 某位畢業的學姊已經生了一個兩歲女兒，好久沒有回學校看老師，現在回到學校看老師時，又挺著大肚子，讓老師十分擔心!
5	請看， 學姐又懷孕了# 影片	6	請問學姊沒有節育與避孕觀念 會造成什麼後果？ next　請想一想

編號	簡報	編號	簡報
7	請問學姊沒有節育與避孕觀念 會造成什麼後果？ 一、造成自己的困擾 二、造成家人的困擾 三、造成社會的負擔	8	避孕方法有哪些？ 一、口服避孕藥 二、戴保險套 三、使用子宮避孕器 四、女性結紮 五、男性結紮
9	口服避孕藥 一、原理： 抑制卵巢排卵的方式避孕 衛生所家屬計畫推廣使用 二、特性： 1. 效果幾乎可達百分之百 2. 性交前不必採取任何防護措施 3. 第一次使用須接受專業醫師的指導使用 4. 不可間斷使用	10	子宮避孕器 一、原理： 將避孕器裝在子宮內，使受精卵無法著床 二、特性： 1. 避孕效果可達95% 2. 費用低，取出後仍能正常生育 3. 性交前不必採取任何防護措施 4. 第一次使用須接受專業醫師的指導使用 5. 對有些人會有不舒服的副作用 6. 未曾懷孕的婦女不適合使用 子宮頸　受精卵
11	保險套　棒 一、原理： 套住男性陰莖，避免射精時，精液進入女性體內。 二、特性： 1. 正確使用比避孕效果佳 2. 使用方便、價格便宜 3. 無不良副作用 4. 性交前需把保險套套在勃起的陰莖上 5. 不使用時仍能正常讓女性懷孕	12	女性結紮　棒 一、原理： 將女性輸卵管結紮起來，使卵子無法與精子結合。 二、特性： 1. 避孕效果高達百分之百 2. 結紮手術後不會再懷孕 3. 性交前不必採取任何防護措施 4. 適合確定不想懷孕的人做此種結紮手術 將紮後切斷　輸卵管 子宮　卵巢
13	男性結紮　棒 一、原理： 將男性輸精管結紮起來，使射出的精液中不含精子。 二、特性： 1. 避孕效果高達百分之百 2. 結紮手術後不會再懷孕 3. 性交前不必採取任何防護措施 4. 適合確定不想懷孕的人做此種結紮手術 陰莖　精子　睪丸	14	結婚生子課題的討論 某位老師和學生在課堂上討論結婚生子及避孕方法選擇的相關課題。 呈現避孕方法選擇的重要性。 請看影片

編號	簡報	編號	簡報
15	**你覺得哪一種有效？** 想結婚，不想生小孩 適合哪一種避孕方式？ 想永久避孕 男生 女生 請想一想 next	16	**你覺得哪一種有效？** 想結婚，不想生小孩 適合哪一種避孕方式？ 想永久避孕 最後，老師建議各位同學採用 結紮手術的避孕方式。
17	**你覺得哪一種有效？** 想結婚也想生小孩 適合哪一種避孕方式？ 女生 男生 請想一想 next	18	**你覺得哪一種有效？** 想結婚也想生小孩 適合哪一種避孕方式？ 最後，老師建議 女生服用避孕藥 或安裝避孕器 男生戴保險套
19	**你覺得哪一種有效？** 避免約會懷孕的方式有哪些？ 女生 男生 請想一想	20	**你覺得哪一種有效？** 避免約會懷孕的方式有哪些？ 暫時性 女生服用避孕藥、安裝避孕器 男生戴保險套 永久性 結紮手術
21	謝謝聆聽		

單元 ② 受孕過程徵兆與保健（5-2～5-3）

編號	簡報	編號	簡報
1	第五章　節育與生育 第二單元　受孕過程徵兆與保健(5-2～5-3)	2	有看見過大肚子的孕婦嗎？
3	想一想 為什麼懷孕的女生肚子會變大？	4	◆孕婦的心聲 ・某位孕婦已經懷胎八個月 ・她告白心聲，呈現懷孕過程產生種種徵兆的心情故事 ・總結懷孕過程會產生種種徵兆是很正常的
5	◆孕婦的心聲 ・哇！是自己已經懷孕了。 ・我懷孕四週時，我都會想把吃的食物吐出來，害我每天心情很不好。 ・最近，我先生一直要求我用母乳餵小孩。 ・聽說：女人懷孕時乳房會變大。 ・老闆娘說：我已經懷胎八個月大了，現在肚子已經大得像大西瓜。	6	想一想 你發現了哪些孕婦懷孕過程所產生的徵兆呢？

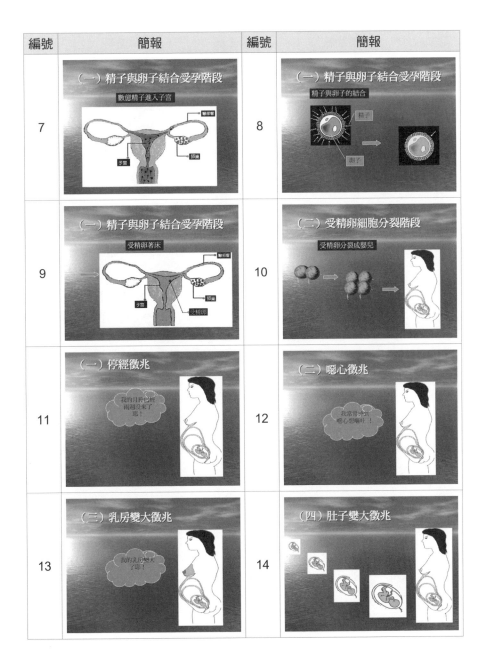

編號	簡報	編號	簡報
15	（五）頻尿徵兆 我常常會想要尿尿耶！怎麼辦？	16	（六）子宮收縮徵兆 我經常會感覺到子宮出現一陣不規律且不痛的收縮現象
17	妳（你）會擔心害怕嗎？	18	◆疑神疑鬼的孕婦 • 某位孕婦已經懷胎三個月 • 她深受懷孕過程徵兆的影響 • 最近總是疑神疑鬼擔心東擔心西 • 呈現受孕過程期間的保健非常重要
19	◆疑神疑鬼的孕婦 • 某位婦女最近月經已經遲來兩週，她擔心是不是月經週期又失調了 • 於是她整天在想自己常抽菸會不會造成胎兒的傷害？ • 也開始擔心一星期前在婚宴喝酒醉，會不會造成胎兒大腦損傷？ • 整天疑神疑鬼，讓自己心情很低落，感覺壓力很大。	20	想一想 請問孕婦懷孕期間應該要注意到哪些保健呢？ ？
21	（一）定期醫師面診	22	（二）穿著寬鬆衣服

266

編號	簡報	編號	簡報
23	（三）戶外散步運動	24	（四）均衡營養飲食
25	（五）充足睡眠與休息	26	（六）禁止抽菸與喝酒
27	謝謝聆聽		

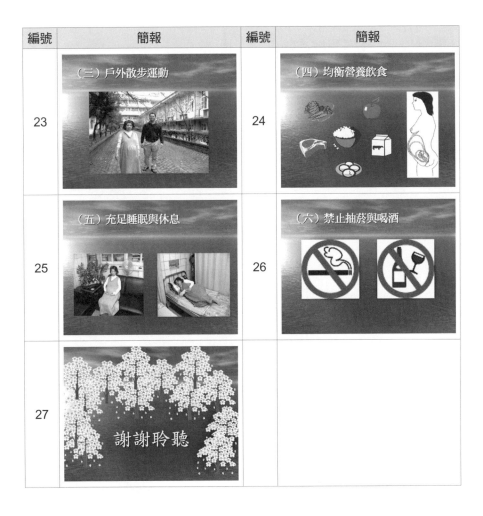

單元 **3**　生產過程與產後保健（5-4～5-5）

編號	簡報	編號	簡報
1	第五章　節育與生育 第三單元 生產過程與產後保健(5-4～5-5)	2	你知道自己 是從哪裡生出來的嗎？
3	◆ 無照接生婆新聞簡述 ・一對年輕的夫婦為了節省接生費，請來無照的接生婆到家中接生，結果卻造成產婦難產。 ・嬰兒受擠壓的小腦袋已經變形，造成嚴重缺氧，致使大腦受到損傷，可能造成終身殘疾。	4	◆ 無照接生婆新聞 (1) ・一對年輕的夫婦為節省接生費，請來無照的接生婆到家中接生，結果造成產婦難產。 ・由於難產時間較長，嬰兒受擠壓的小腦袋已經變形，造成新生兒嚴重缺氧，致使大腦嚴重損傷，極有可能造成終身殘疾。 ・在產房內，飽受痛苦折磨的產婦向記者講述了她痛苦的生產過程。
5	◆ 無照接生婆新聞(2) ・在接生過程，接生婆竟然用雙手用力擠壓孕婦的肚子，企圖將孩子擠出母體外。折騰了半天，孩子還是沒有生出來。 ・無照的接生婆想要讓新生兒生出來，竟將產婦的陰道剪開八公分長，然後用雙手用力擠壓，因此造成孕婦陰道血流不止。這時丈夫發現不對勁，趕快將妻子送往住家附近的醫院救治。 ・婦產科醫師說，請無照的接生婆到家中接生，是很不理確且非常危險的行為。	6	想一想 生產有哪些過程？

編號	簡報	編號	簡報
7	想一想 **生產過程可能發生的問題有哪些？** ?	8	**胎兒即將出生的徵兆有三種** 一、強有力且有規律的陣痛 二、分泌大量帶點血的黏液（俗稱見紅） 三、羊水破出 只要出現其中一種徵兆，就表示胎兒快出生了，孕婦應立即住院待產。
9	**自然生產過程分為三個階段** 第一階段是以子宮開始收縮為開始，以子宮頸完全擴張至足以使胎兒通過的最大擴張為結束。	10	**自然生產過程分為三個階段** 第二階段是以子宮頸完全擴張為開始，向外排出胎兒，以胎兒排出母親子宮出生為結束。
11	**自然生產過程分為三個階段** 第三階段是以胎兒排出母親子宮出生為開始，以胎盤排出母親子宮為結束。 胎盤	12	**◆ 剖腹生產過程** 一、婦產科醫師在手術室，先為孕婦進行腹部消毒及麻醉藥注射。然後，使用手術刀沿孕婦下腹底部切開，接著再切開子宮底部。 二、等羊水透過孕婦切開傷口排出後，婦產科醫師即取出胎兒，然後使用剪刀剪斷臍帶，並進行醫療消毒包紮處理。 三、最後，婦產科醫師取出胎盤，然後把孕婦下腹底部手術切開傷口縫合，結束孕婦的剖腹生產過程。
13	**生產過程可能發生的問題** 1. 新生兒腦部缺氧 2. 產後出血 3. 子宮頸管裂傷 4. 胎盤滯留 想一想　　還有哪些呢？ next	14	**1. 新生兒腦部缺氧** ‧為讓胎兒能夠順利從產道生出，產婦的盆骨最少應達到胎兒可以通過的大小。 ‧假如產婦盆骨太小或子宮頸無法張開，胎兒便難以通過，造成新生兒難產。 ‧胎兒過大、骨盆較小的產婦都是難產的高危險群。在難產情況下，胎兒很容易會處於腦部缺氧的狀態。 ‧這樣會造成胎兒的智能障礙、過動症、自閉症等先天障礙。

編號	簡報	編號	簡報
15	**2. 產後出血** ・通常在產後兩個小時內，產婦會容易出現產後出血，所以應當留意觀察子宮的收縮狀態和出血量。 ・胎兒已經出生，孕婦胎盤亦已產出，但子宮仍然有出血的現象，便稱為產後出血。 ・主要原因是懷巨大兒、多胎懷孕及羊水過多，便容易出現產後出血現象。出血有時是大量地流出，有時則是緩慢而持續地流出。 back	16	**3. 子宮頸管裂傷** ・胎兒在生產過程時損傷了產婦的子宮頸管，導致出血不止的現象，便稱為子宮頸管裂傷。 ・在生產過程子宮頸管會受到不同程度的損傷，但大部分都會自己癒合。 ・假如傷口嚴重，產婦會大量出血，甚至會有性命危險。 ・主要是子宮的伸縮性差、懷了巨大兒，甚至高齡生產等，都是導致子宮頸管裂傷的原因。 back
17	**4. 胎盤滯留** ・一般情況下，胎盤在嬰兒出生後5～10分鐘內便會自動從子宮壁脫落。 ・但是當胎盤的絨毛侵入到子宮的肌肉層當中，就可能會使胎盤的一部分或全部附著在子宮壁中，這種情況便稱為胎盤滯留。 ・主要原因是產婦子宮畸形、曾經接受過人工流產手術等。 back	18	**◆ 孕婦產後的心聲簡述** ・某位孕婦已經產下女兒一年後，她告白抱怨「沒做好產後醫護與保健」的心聲。 ・呈現產後醫護與保健非常重要。
19	**◆ 孕婦產後的心聲(1)** ・某位孕婦在懷孕期間，有心想要精養生產後調養身體的大好機會，好好改善自己的身體。特別花了大把鈔票，請一位有名的食療老師協助做月子。 ・當這位孕婦產下女兒後，她經常抱怨那位食療老師的不負責任、沒有道德，沒有為她做好月子的種種罪狀。	20	**◆ 孕婦產後的心聲(2)** ・例如：每次準備的食療材料都是兩個星期的份量，每次食用前還要自己從冰箱冷凍庫拿出來解凍、加熱後食用，和其他做月子中心每天新鮮又熱呼呼的月子餐，真是相差太多了！ ・除此之外，還要自己到市場去買腰子、麻油雞等食補材料煮來吃，搞得自己每天都很累，還被冷風吹得頭好痛。再加上常常三更半夜要泡牛奶餵女兒，讓自己每天都睡不好。
21	**◆ 孕婦產後的心聲(3)** ・她還抱怨自己在做月子期間，忙到忘了吃「十全大補湯」，月子也沒做好。生理期間血流很多，子宮收縮沒調理好，讓自己身體變得很虛弱，頭髮也一直掉。 ・如果早知道這樣，我就花錢請做月子中心幫我做月子，這樣就不會被那沒良心的食療老師欺騙。	22	聽完「孕婦產後的心聲」後， 想一想 你發現了哪些孕婦 產後的醫護與保健常識呢？

編號	簡報	編號	簡報
23	**產後的醫護常識** ・1. 傷口的消毒與清潔 ・2. 產後產婦子宮按摩 ・3. 返回醫院的檢查 next	24	**1. 傷口的消毒與清潔** ・產後產婦陰道外部裂傷的傷口需要十幾天的時間康復。 ・因此，要注意保持陰道外部傷口的消毒與清潔，以避免傷口的感染惡化。 ・剖腹生產產婦要注意腹部傷口的定期換藥與保持乾燥。 back
25	**2. 產後產婦子宮按摩** ・產後產婦子宮大約42天左右才能復原。 ・產後依護理人員指導做子宮按摩，以促進子宮收縮恢復子宮機能，是很重要的產後後續醫護。 back	26	**3. 返回醫院的檢查** ・產婦在生產過程可能會發生一些問題。 ・例如：產後憂鬱症、產後出血、子宮頸管裂傷……等。 ・所以為了產婦的健康，產後4～6週返回醫院檢查產後的復原狀況是很重要的。 back
27	**產後的保健常識** ・1. 適當休息與運動 ・2. 避免受風寒 ・3. 均衡的飲食 ・4. 適當的進補 next	28	**1. 適當休息與運動** ・休息是「坐月子」的頭等大事，產後一定要在家裡靜養，尤其要注意睡眠品質，不要讓自己疲勞，但絕不要整月躺在床上。 ・一般產後三天即可下床，做一些輕微的活動。 ・專家認為，在月子期間適當運動，依護理人員指導做一些產後體操、散步等運動，有助產婦的身心恢復。 back
29	**2. 避免受風寒** ・產婦生產後身體很虛弱，所以避免產婦受風寒是很重要的保健。 ・從產後的第二天起，產婦可以用溫水梳頭、刷牙、漱口，保持個人衛生。 ・產婦新陳代謝旺盛，出汗多，為了怕受風寒而緊閉房間的門窗，反而會造成空氣混濁，容易感染細菌和病毒。 ・所以坐月子期間，室內需保持良好通風，門窗不要開太大，避免受風寒生病。 back	30	**3. 均衡的飲食** ・其實產後只要正常飲食攝取均衡營養即可。 ・平日應多吃蔬菜、水果，但忌吃西瓜、香蕉、冰等寒涼性食物。 ・產婦的飲食原則以少量多餐，葷素搭配為宜，不能太油膩，尤其食物要強調清淡、易消化。勿吃油炸及太甜或太鹹的食物，絕對不要暴飲暴食，以避免營養過剩。 back

編號	簡報	編號	簡報
31	**4. 適當的進補** ・產婦的進補，宜用食物來滋補。 ・產婦產後第一週，產婦在產後體質虛弱，專家認為不適宜大補，產婦的補品以養生粥、「生化湯」為主。 ・第二週，在於幫助產婦恢復體力，專家建議以鯽魚湯、腰子等溫補食材為主。 ・第三至四週，以補氣血，恢復元氣，專家建議可以麻油雞、十全大補湯等大補食材為主。 back	32	謝謝聆聽

八 學習單

單元 1 （5-1）

學習單 A
單元名稱：避孕方法

學生姓名： 　　　　　　　　　班級： 　年　　班

一、避孕方法的種類

＊請同學依避孕方法代表圖的提示，將正確的答案填寫在答案格內。

1. （　　）請問這一個圖示，是屬於哪一種避孕方法？

　　　　(1)口服避孕藥　(2)戴保險套　(3)使用子宮避孕器

　　　　(4)女性結紮　　(5)男性結紮　避孕方法

2. （　　）請問這一個圖示，是屬於哪一種避孕方法？

　　　　(1)口服避孕藥　(2)戴保險套　(3)使用子宮避孕器

　　　　(4)女性結紮　　(5)男性結紮　避孕方法

（續）

3. ( ) 請問這一個圖示,是屬於哪一種避孕方法?

　　　　(1)口服避孕藥　(2)戴保險套　(3)使用子宮避孕器

　　　　(4)女性結紮　　(5)男性結紮　避孕方法

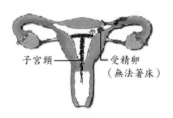

4. ( ) 請問這一個圖示,是屬於哪一種避孕方法?

　　　　(1)口服避孕藥　(2)戴保險套　(3)使用子宮避孕器

　　　　(4)女性結紮　　(5)男性結紮　避孕方法

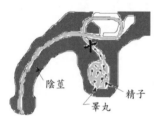

5. ( ) 請問這一個圖示,是屬於哪一種避孕方法?

　　　　(1)口服避孕藥　(2)戴保險套　(3)使用子宮避孕器

　　　　(4)女性結紮　　(5)男性結紮　避孕方法

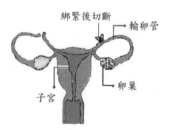

（續）

二、選擇適合的避孕方法

＊請同學依照老師口語的提示，將正確的避孕方法答案寫在答案格
（　　）內。

1.（　　）避孕的原理是透過男性的輸精管上進行結紮且切斷的外科手
　　　　術，讓精子與卵子無法結合的避孕方法，是哪一種？

(1)　　　　　　　　　(2)　　　　　　　　　(3)

2.（　　）避孕原理是用藥物抑制女性卵巢排卵的方式，達到避孕效果的
　　　　避孕方法，是哪一種？

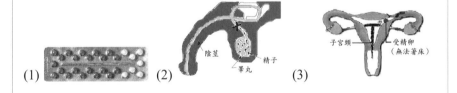

(1)　　　　　　　　　(2)　　　　　　　　　(3)

3.（　　）如果有一位很容易和男生發生親密性行為的女生，為了避免約
　　　　會懷孕，請問女生最好採取哪種避孕方法呢？（複選題）

(1)　　　　　　　　　(2)　　　　　　　　　(3)

（續）

4.（　）如果有一位男生畢業後想結婚，想要計畫生育，只生一個小孩，那麼你認為他最適合採取哪種避孕方法呢？

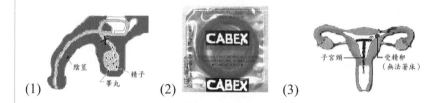

（1）　　　　　　　（2）　　　　　　　（3）

5.（　）如果有一位女生想結婚，但是不想生小孩，想要永久避孕，那麼你認為她最好的選擇是採取哪一種避孕方法呢？

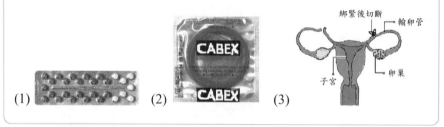

（1）　　　　　　　（2）　　　　　　　（3）

單元 **1** （5-1）

學習單 B

單元名稱：避孕方法

學生姓名： 班級： 年 班

一、避孕方法的種類

＊請同學學習此單元教材內容之後，將正確的避孕方法名稱與圖連線。

避孕方法代表圖	常見的避孕方法
1. 這張圖代表哪一種避孕方法？  ●	● 口服避孕藥 ● 戴保險套 ● 使用子宮避孕器 ● 女性結紮 ● 男性結紮
2. 這張圖代表哪一種避孕方法？  ●	● 口服避孕藥 ● 戴保險套 ● 使用子宮避孕器 ● 女性結紮 ● 男性結紮

（續）

3. 這張圖代表哪一種避孕方
法？

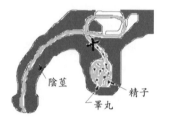

- 口服避孕藥
- 戴保險套
- 使用子宮避孕器
- 女性結紮
- 男性結紮

4. 這張圖代表哪一種避孕方
法？

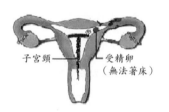

- 口服避孕藥
- 戴保險套
- 使用子宮避孕器
- 女性結紮
- 男性結紮

5. 這張圖代表哪一種避孕方
法？

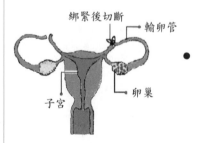

- 口服避孕藥
- 戴保險套
- 使用子宮避孕器
- 女性結紮
- 男性結紮

（續）

二、選擇適合的避孕方法

＊請同學依照老師口語的提示，將正確的避孕方法答案寫在答案格
（　　）內。

1. （　　）避孕原理是將避孕器安裝在女性子宮內，讓受精卵無法於子宮
內著床的避孕方法，是哪一種？

(1) 　　　　　　　　(2) 　　　　　　　　(3)

2. （　　）避孕的原理是透過男性的輸精管上進行結紮且切斷的外科手
術，讓精子與卵子無法結合的避孕方法，是哪一種？

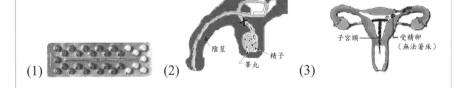

(1) 　　　　　　　　(2) 　　　　　　　　(3)

3. （　　）如果有一位男生畢業後想結婚，想要計畫生育，只生一個小
孩，那麼你認為他最適合採取哪種避孕方法呢？

(1) 　　　　　　　　(2) 　　　　　　　　(3)

（續）

4.（　）如果有一位女生想結婚，但是不想生小孩，想要永久避孕，那麼你認為她最好的選擇是採取哪一種避孕方法呢？

(1)　　　　　(2)　　　　　(3)

5.（　）如果有一位男生想結婚，但是不想生小孩，想要永久避孕，那麼你認為他最好的選擇是採取哪一種避孕方法呢？

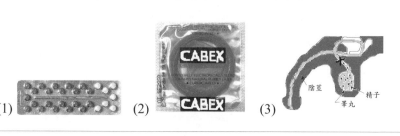

(1)　　　　　(2)　　　　　(3)

單元 **2** （5-2～5-3）

學習單 A

單元名稱：受孕過程徵兆與保健

學生姓名：　　　　　　　　　　班級：　　年　　班

一、受孕過程與徵兆

(一) 是非題

＊請同學依題目的意思，將正確的答案填寫在答案格內。

1.（　　）懷孕初期的孕婦經常會感到噁心徵兆，有時會對某些食物有特別的偏好，這種現象俗稱「害喜」。

2.（　　）當孕婦懷孕初期，會開始經常感覺到子宮出現不規律且不痛的收縮。

3.（　　）當精子和卵子結合受孕成為「受精卵」之後，然後細胞就會慢慢地分裂發育成為嬰兒。

4.（　　）孕婦乳房變大徵兆是因為孕婦的生理結構為了分泌乳汁準備哺乳嬰兒。

(二) 選擇題

＊請同學依題目的意思，將正確的答案填寫在答案格內。

1.（　　）請問在受孕過程最後會有(1)一個　(2)二個　(3)三個　(4)四個　精子和一個卵子結合成「受精卵」。

2.（　　）當女生和異性有親密的性行為後，如果發現有月經沒來的徵兆出現，就需要到醫院給(1)外科　(2)眼科　(3)婦產科　(4)精神科　醫師檢查，就能確定是否懷孕了。

3.（　　）當受精卵進入女性的(1)卵巢　(2)子宮　(3)陰道　(4)乳房　著床，這就是懷孕。

4.（　　）懷孕期間當孕婦(1)頻尿　(2)嚴重發燒　(3)胎動停止　(4)陰道出血　時，不用盡快到醫院接受治療。

（續）

二、受孕期間的保健常識

(一) 是非題

＊請同學依題目的意思，將正確的答案填寫在答案格內。

1. (　　) 懷孕期間保持心情愉快，對孕婦健康有益，但對胎兒則沒有影響。

2. (　　) 懷孕期間孕婦要適當地攝取均衡營養飲食。

3. (　　) 懷孕時先生在家抽菸沒關係，只要自己不抽菸及喝酒就不會影響到胎兒。

4. (　　) 懷孕期間會遭遇到很多問題，心中會生起很多疑惑，所以要定期到醫院婦產科面診。

(二) 選擇題

＊請同學依題目的意思，將正確的答案填寫在答案格內。

1. (　　) 下列哪一個是懷孕期間孕婦的不正確保健方式：(1)定期到婦產科面診　(2)戶外散步　(3)喝酒進補　(4)穿合身孕婦裝。

2. (　　) 懷孕期間孕婦可以穿著(1)合身孕婦裝　(2)緊身牛仔褲　(3)高跟鞋　(4)平低涼鞋。

3. (　　) 懷孕期間孕婦可以做(1)快跑運動　(2)戶外散步　(3)籃球比賽　(4)熱舞運動　等運動活動。

4. (　　) 懷孕期間孕婦可以做(1)白天都睡覺不下床　(2)聽令人喜悅的音樂　(3)熬夜打電動　(4)參加熱舞運動　等活動，為胎兒營造一個良好的成長環境。

單元 **2** （5-2～5-3）

學習單 B

單元名稱：受孕過程徵兆與保健

學生姓名：　　　　　　　　　　　　　班級：　　年　　班

一、受孕過程與徵兆

是非題

＊請同學依照老師口語的提示，將正確的答案填寫在答案格內。

1. （　　）懷孕初期的孕婦經常會感到噁心徵兆，有時會對某些食物有特別的偏好，這種現象俗稱「害喜」。

2. （　　）當孕婦懷孕初期，會開始經常感覺到子宮出現不規律且不痛的收縮。

3. （　　）當精子和卵子結合受孕成為「受精卵」之後，然後細胞就會慢慢地分裂發育成為嬰兒。

4. （　　）孕婦乳房變大徵兆是因為孕婦的生理結構為了分泌乳汁準備哺乳嬰兒。

5. （　　）在受孕過程最後會有一個精子和一個卵子結合成「受精卵」。

6. （　　）當女生和異性有親密的性行為後，如果發現有月經沒來的徵兆出現，就需要到醫院給婦產科醫師檢查，就能確定是否懷孕了。

7. （　　）當受精卵進入女性的子宮內著床，這就是懷孕。

8. （　　）懷孕期間當孕婦乳房變大時，應盡快到醫院接受治療。

二、受孕期間的保健常識

是非題

＊請同學依照老師口語的提示，將正確的答案填寫在答案格內。

1. （　　）懷孕期間孕婦要適當地攝取均衡營養飲食。

2. （　　）懷孕時如果感冒，可以自行買藥服用就好，因為只是小感冒而已。

（續）

3.（　）懷孕期間會遭遇到很多問題，心中會生起很多疑惑，所以要定期到醫院婦產科面診。

4.（　）懷孕期間當孕婦嚴重發燒時，應盡快到醫院接受治療。

5.（　）懷孕期間孕婦喝酒進補是正確的保健方式。

6.（　）懷孕期間孕婦可以穿著高跟鞋。

7.（　）懷孕期間孕婦做戶外散步活動有益健康。

8.（　）懷孕期間孕婦聽令人喜悅的音樂，可以為胎兒營造一個良好的成長環境。

單元 3 （5-4～5-5）

學習單 A

單元名稱：生產過程與產後保健

學生姓名：　　　　　　　　　　　班級：　　年　　班

一、生產過程與問題

(一) 是非題

＊請同學依題目的意思，將正確的答案填寫在答案格內。

1. (　) 從孕婦子宮內的不隨意收縮開始，到胎兒出生的生產過程，俗稱「分娩」。

2. (　) 孕婦自然生產的過程第一階段是以子宮收縮為開始。

3. (　) 孕婦自然生產的過程第二階段是以「胎盤」排出為結束。

4. (　) 孕婦生產胎兒出生後，接著「胎盤」會排出結束生產過程。

(二) 選擇題

＊請同學依題目的意思，將正確的答案填寫在答案格內。

1. (　) 下列哪一個不是胎兒即將出生的徵兆：(1)規律陣痛　(2)嚴重發燒　(3)羊水破出　(4)分泌大量帶點血。

2. (　) 正確的胎兒出生是：(1)頭部　(2)腳部　(3)肩部　(4)臀部　先出來。

3. (　) 對孕婦或胎兒會有危險時，以選擇：(1)自然生產　(2)剖腹生產　較適合。

4. (　) 孕婦生產時難產不會造成胎兒：(1)智能障礙　(2)腦部缺氧　(3)早產　(4)自閉症。

二、產後的醫護與保健常識

(一) 是非題

＊請同學依題目的意思，將正確的答案填寫在答案格內。

1. (　) 生產後孕婦要適當地飲食攝取均衡營養。

（續）

2.（　）生產後孕婦陰道外裂傷的傷口，要注意消毒與清潔以避免感染。

3.（　）生產後孕婦第二天起可以用冷水梳洗、刷牙、漱口，保持個人衛生。

4.（　）孕婦生產後第一週，應該馬上開始吃人參、麻油雞等食物大補。

(二) 選擇題

＊請同學依題目的意思，將正確的答案填寫在答案格內。

1.（　）孕婦產後不正確的保健方式是：(1)注意睡眠品質　(2)整月睡在床上　(3)散步運動　(4)產後要多靜養。

2.（　）孕婦產後不正確的飲食方式是：(1)少量多餐　(2)吃易消化食物　(3)多吃寒涼水果　(4)勿暴飲暴食。

3.（　）孕婦產後要注意：(1)緊閉門窗　(2)吃寒涼食物　(3)用冷水梳洗　(4)避免受風寒。

4.（　）孕婦產後不正確的保健方式是：(1)適當休息與運動　(2)注意傷口消毒與清潔　(3)用冷水梳洗　(4)攝取均衡營養。

單元 **3** （5-4～5-5）

學習單 B
單元名稱：生產過程與產後保健

學生姓名：　　　　　　　　　　　　　班級：　　年　　班

一、生產過程與問題

是非題

＊請同學依照老師口語的提示，將正確的答案填寫在答案格內。

1.（　　）從孕婦子宮內的不隨意收縮開始，到胎兒出生的生產過程，俗稱「分娩」。

2.（　　）孕婦自然生產的過程第一階段是以子宮收縮為開始。

3.（　　）孕婦自然生產的過程第二階段是以「胎盤」排出為結束。

4.（　　）孕婦生產胎兒出生後，接著「胎盤」會排出結束生產過程。

5.（　　）羊水破出是胎兒即將出生的徵兆。

6.（　　）正確的胎兒出生是腳部先出來。

7.（　　）對孕婦或胎兒會有危險時，以選擇剖腹生產較適合。

8.（　　）孕婦生產時難產會造成胎兒智能障礙。

二、產後的醫護與保健常識

是非題

＊請同學依照老師口語的提示，將正確的答案填寫在答案格內。

1.（　　）生產後孕婦要適當地飲食攝取均衡營養。

2.（　　）生產後孕婦陰道外裂傷的傷口，要注意消毒與清潔以避免感染。

3.（　　）生產後孕婦第二天起可以用冷水梳洗、刷牙、漱口，保持個人衛生。

4.（　　）孕婦生產後第一週，應該馬上開始吃人參、麻油雞等食物大補。

（續）

5. (　　) 孕婦產後整月睡在床上是不正確的保健方式。

6. (　　) 孕婦產後少量多餐是不正確的飲食方式。

7. (　　) 孕婦產後要注意避免受風寒。

8. (　　) 孕婦產後適當休息與運動是正確的保健方式。

九 評量表

單元 **1** （5-1）

單元名稱：避孕方法

學生姓名：＿＿＿＿＿＿＿　　　　　　班級：＿＿＿年＿＿＿班

評量方式：□紙筆；□問答；□觀察；□指認；□其他＿＿＿＿＿＿

行為目標	評量日期							%
5-1-1　能了解各種常見避孕方法的種類								
5-1-2　能依自己的需求選擇適合的避孕方法								

評量代號說明：
5-獨立完成，4-口語提示可完成，3-示範才能完成，2-部分肢體協助完成，
1-完全依賴協助，0-沒反應或沒學習意願

單元 **2** （5-2～5-3）

單元名稱：受孕過程徵兆與保健

學生姓名：＿＿＿＿＿＿＿＿＿　　　　　　班級：＿＿＿年＿＿＿班

評量方式：□紙筆；□問答；□觀察；□指認；□其他＿＿＿＿＿＿

行為目標	評量日期									%
5-2-1　能了解受孕過程										
5-2-2　能了解受孕過程徵兆										
5-3-1　能了解受孕期間保健的重要										
5-3-2　能了解受孕期間的保健常識										

評量代號說明：
5-獨立完成，4-口語提示可完成，3-示範才能完成，2-部分肢體協助完成，
1-完全依賴協助，0-沒反應或沒學習意願

單元 **3** （5-4～5-5）

單元名稱：生產過程與產後保健

學生姓名：＿＿＿＿＿＿＿＿＿　　　班級：＿＿＿年＿＿＿班

評量方式：□紙筆；□問答；□觀察；□指認；□其他＿＿＿＿＿＿＿

行為目標	評量日期								%
5-4-1　能了解生產過程									
5-4-2　能了解生產過程可能發生的問題									
5-5-1　能了解產後醫護保健的重要									
5-5-2　能了解產後的醫護與保健常識									

評量代號說明：
5-獨立完成，4-口語提示可完成，3-示範才能完成，2-部分肢體協助完成，
1-完全依賴協助，0-沒反應或沒學習意願

筆記欄

國家圖書館出版品預行編目（CIP）資料

智能障礙學生性教育教材與教學媒體／張小芬等著. --
初版. -- 臺北市：心理, 2011. 04
面；　公分. --（障礙教育系列；63106）

ISBN 978-986-191-425-1（平裝附光碟片）

1. 智障教育　2. 性教育　3. 教材　4. 教學媒體

529.62　　　　　　　　　　　　　　　100005307

障礙教育系列 63106

智能障礙學生性教育教材與教學媒體

策畫主編：張小芬
作　　者：張小芬、林麗卿、張宇良、葉瑞華、陳虹利、陳彥伶
　　　　　蔡雅芝、劉于潔、李馥君、許超男、林永堂、謝德全
　　　　　蕭曼萍、陳金茂
執行編輯：林汝穎
總 編 輯：林敬堯
發 行 人：洪有義
出 版 者：心理出版社股份有限公司
地　　址：231 新北市新店區光明街 288 號 7 樓
電　　話：(02) 2915-0566
傳　　真：(02) 2915-2928
郵撥帳號：19293172　心理出版社股份有限公司
網　　址：http://www.psy.com.tw
電子信箱：psychoco@ms15.hinet.net
駐美代表：Lisa Wu（lisawu99@optonline.net）
排 版 者：龍虎電腦排版股份有限公司
印 刷 者：正恒實業有限公司
初版一刷：2011 年 4 月
初版四刷：2018 年 8 月
I S B N：978-986-191-425-1
定　　價：新台幣 380 元（附光碟）